Djursamlare och samlade djur

www.sesambandet.se
Se Sambandet finns på FB

Carin Holmberg och Therese Lilliesköld

Djursamlare och samlade djur

– inte enbart ett djurskyddsproblem

Förlag: BoD – Books on Demand, Stockholm, Sverige
Tryck: BoD – Books on Demand, Norderstedt, Tyskland
ISBN: 978-91-8057-958-2

Innehållsförteckning

Förord

Det kanske mest intressanta resultatet av detta arbete är alla de människor vi har talat med och som ställer sig frågande inför fenomenet: »Djursamlare?«. Som om det är något man aldrig har hört talas om. Inte ens förtydligandet: »Ja typ kattant«, bringar med säkerhet klarhet i vad vi pratar om. När vi sedan berättar om katter, tanter, misär och stank vet alla vad vi syftar på.

I litteraturlistan finns en handfull svenska skönlitterära verk där djursamlande berörs, bland annat bilderboken »Elsa i Skräddartorp och hennes 28 katter« av Lars Lerin. Det är en vacker barnbok men det är svårt att se den som annat än en förskönande beskrivning av kattsamlande. Det säger något om hur djursamlande fortgår och pågår men inte riktigt blir synligt för vad det är. Inte förrän det går helt över styr. Men då kan det vara för sent för både samlaren och de samlade djuren.

Syftet för Se Sambandet som organisation är att befinna sig i skärningspunkten mellan utsatta familjedjur och utsatta människor. En skärningspunkt som reser uppfordrande krav på de som är satta att ge stöd och hjälp. Det är nödvändigt att bryta ner de osynliga gränserna mellan människa och djur och samarbeta och samverka för allas bästa. Men det tycks vara en hög barriär. Vi vill med denna rapport försöka att göra dessa höga hinder något lägre.

Vi är otroligt tacksamma för de två organisationer som möjliggjorde det. Djurskyddet Kronoberg och Petra Lundbergs stiftelse. Med de stipendium vi erhöll har vi kunnat ägna oss åt djursamlare och samlade djur. Vi tackar också Djurskyddet Sverige som beviljade medel till tryckning av rapporten. Tack till er alla tre! Självklart vore inte denna rapport något alls utan de som besvarat enkäter och intervjuer. Vi vill särskilt tacka länsstyrelsens djurskyddshandläggare som besvarat både en enkät och intervjufrågor. Men också flera katthem och ett hundhem som bistått med sitt kunnande och sin kompetens. Precis som ett antal tjänstepersoner på olika myndigheter och i kommuner.

Nu hoppas vi att när vi om ett år eller så frågar vad de tänker om djursamlare och samlade djur vet de precis vad vi talar om.

Therese Lilliesköld, Gnesta & Carin Holmberg, Stockholm
December 2021

Kapitel 1 – Fakta och forskning

Inledning

Så tidigt som 1981 skriver två forskare om personer som de kallar för »animal collector« (djursamlare) (Patronek & Nathanson 2009 s. 275). Det dröjer innan den tråden fångas upp men när den gör det, görs det i stället med besked. Inledningsvis ser man enbart en koppling mellan äldre ensamstående kvinnor och att samla djur. Som vi förstår det är det ett skäl till att djursamlande blir en del av sambandet (The Link) och ingår i sambandet mellan våld mot djur och våld mot äldre (Lockwood 2002, s. 10). I USA, men också i andra delar av världen, är generationsboende vanligt och forskarna pekar på att när en äldre person missköts, vanvårdas också djuren. Det finns också en tanke om att samlandet kan indikera en begynnande demens. Men senare visar det sig, dels att samlarproblematiken inte uteslutande går att koppla till kvinnor, dels att sambandet mellan ålder eller demens och samlande inte går att fastställa.

Frågan om djursamlande väcker dock ett antal forskares intresse. De bildar ett tvärvetenskapligt nätverk av forskare och praktiker med såväl djur- som människoinriktning i syfte att bättre förstå, bemöta och behandla vad de ser som ett mycket komplext problem. Gruppen tar namnet *The Hoarding of Animals Research Consortium* (HARC) och de arbetar med frågan mellan åren 1997 och 2006. Flera av forskarna fortsätter även efter 2006 att studera detta vidare.

Diskussioner om definitionen

Veterinären och forskaren Gary J. Patronek (1999) har skrivit om själva problemformuleringen och omdefinieringen från »collector« (samlare) till »hoarder« (hamstrare). Han menar att »samlare« och »samlande« i huvudsak är begrepp som används inom djurskyddsverksamheter och människovårdande verksamheter medan »hoarder« och »hoarding« är att föredra. Det är också de begrepp som kommer att användas i den engelskspråkiga litteraturen.

Han slår fast att: »The hoarding, or pathological collecting, of animals is a phenomenon that is poorly described in the scientific literature« (s. 82). Med andra ord att det knappt finns några vetenskapliga studier i ämnet. En slutsats som tyvärr står sig ganska bra.

När det psykiatriska diagnosverktyget *Diagnostic and Statistical Manual of Mental Disorders 5* (DSM 5), som också används i Sverige, uppdaterades 2013 ingår »patologiskt samlande« av både djur och saker. Den nya diagnosen »patologiskt samlande« presenteras i *Läkartidningen* samma år av Volen Z. Ivanov och Christian Rück. Djursamlande nämns enbart helt kort och sägs enbart handla om ett fåtal personer (2013, s. 2). När forskargruppen på Karolinska Institutet (KI) börjar arbeta med samlande har de inte med djursamlare som en grupp de studerar eller arbetar kliniskt med.

Den enda svenska forskning som vi har funnit om djursamlande är gjord av Ingvar Svanberg (2016 och 2018) samt sociologen Tora Holmberg (2014 och 2014b).

Se Sambandets definition

Vi har valt att behålla begreppet samlande. Dels för att ha ett begrepp på svenska. Dels för att samlande av saker idag benämns som »hoarding« i svensk forskning och praktik. För att då kunna skilja mellan de två typerna av samlande bör djursamlande definieras som animal hoarding, det blir tungt i texten och tillför inte någon ytterligare förståelse eller dimension till problematiken, som vi ser det. Åtminstone inte för de syften som vi har med denna text, som är mer konkreta i syfte att ge förslag på hur arbetet med djursamlare kan förbättras. Som synonymer används begreppen djursamlande, tvångsmässigt djursamlande eller patologiskt djursamlande.

Vad är tvångsmässigt djursamlande

Att tvångsmässigt samla på djur ingår som sagt numera i den psykiatriska diagnosen tvångsmässigt samlande och finns listat i det amerikanska diagnosverktyget DSM 5. Forskare har kommit att fråga sig om djursamlande bör särskiljas från annat tvångsmässigt samlande då djursamlandet delvis tycks ha andra orsaker och medföra en ännu större sanitär olägenhet än hoarding (Lockwood 2018). Samtidigt är det inte helt ovanligt att en individ samlar både djur och saker.

Tvångsmässigt djursamlande innebär enligt HARC (2002) att:

- ha ett ovanligt stort antal djur
- misslyckas med att tillgodose djurens basala behov av näring, ren miljö, skydd och veterinärvård samt att vanvården resulterar i sjukdom och dödsfall hos djuren på grund av svält, infektioner och skador som ej får behandling
- samlaren förnekar att vanvården påverkar djuren och andra människor i hushållet

– samlaren fortsätter att införskaffa fler djur och/eller låter djuren fritt föröka sig.

Patronek (1999) menar i sin tur att det vanligtvis är för många djur på en för liten yta (s. 82). Genomgående är också att samlaren motsäger sig stöd och hjälp. Det faktum att djursamlande till skillnad från hoarding faktiskt är ett brott, och inte enbart en psykiatrisk problematik, anser han kan försena och förhindra att lämpliga åtgärder sätts in (s. 86). Frost m.fl. (2015 s. 5) anser dessutom att det kan få konsekvenser för hur en eventuell insats utförs och när den sätts in. Risken finns att det tar onödigt lång tid från upptäckt till insats om myndigheter inväntar att situationen ska kunna klassas som ett brott. En brottsrubricering riskerar dessutom att leda till att samlaren inte får den psykiatriska behandling eller det stöd som en hoarder ges vid en intervention. Även i Sverige är djursamlande både en psykiatrisk diagnos och ett djurskyddsbrott.

Arluke et al. (2017, s. 111) diskuterar i sin tur om djursamlande ska ses som en separat diagnos och lyfter en del olikheter som skiljer djursamlande från hoarding. De pekar på de fruktansvärda sanitära förhållanden som är vanliga bland djursamlare men som inte har någon motsvarighet hos hoarders. När det gäller hoarding är fördelningen mellan kvinnor och män ungefär 50 % kvinnor och 50 % män. Men vid djursamlande dominerar kvinnor. Slutligen lyfter forskarna att visserligen har båda grupperna låg insikt om sin problematik. Men bland många djursamlare försvåras möjligheterna till insikt av att de anser sig kunna kommunicera med djuren och vara de enda som ser och förstår djurens behov (ibid). Samtidigt är det så att om en djursamlare skulle erbjudas stödinsatser finns i dagsläget inte några specifika behandlingsmetoder som riktar sig till denna målgrupp (Frost et al. 2015). Detta gäller även i Sverige.

Vem är djursamlaren och vilka är djuren som samlas

Det har gjorts och görs forskning för att förstå och förklara djursamlarens handlingar. Eftersom det är ett relativt nytt forskningsområde och pågår i olika delar av världen finns det en del motstridiga resultat. Nedan presenteras en del forskningsresultat.

Poloski et al. (2020) har låtit en grupp djursamlare fylla i skattningsskalor för att undersöka eventuella kognitiva och verbala problem hos dem samt om de har svårigheter med planering och minnesfunktioner. Enligt deras studie framstår det som att djursamlare har kognitiva brister relaterade till exekutiva funktioner.

Det finns dock andra studier som menar att djursamlare är en grupp människor med hög intellektuell förmåga. Ett exempel på en sådan studie är skriven av Sadia Zahid (2016). I artikeln beskrivs Noaks syndrom (Noah's Syndrome) som i första hand drabbar äldre och ofta kan kopplas till demens eller obehandlade depressioner (s. 46). Förutom djursamlande försummar den äldre sig själv och sina behov liksom de djur som hon, för det är oftast en äldre kvinna, har i sin ägo. Enligt Zahid (s. 46) är det främst kvinnor med en intelligens över genomsnittet som drabbas. De lever ensamma och djursamlandet börjar vanligtvis som ett svar på denna ensamhet. Återfallsfrekvensen är hög och för att kunna hjälpa den äldre krävs dels att man behandlar de underliggande orsakerna till djursamlandet, dels att olika aktörer från både djur- och humansidan samverkar för att lösa situationen.

Zaida Nadal et al. (2020) menar utifrån sin metastudie att bilden av djursamlaren som en socialt isolerad, arbetslös och ensamstående person eller en som lever med någon som är beroende av dem, inte ger hela bilden. 75 % av djursamlarna i deras studier var kvinnor och 25 % var män. 50 % levde i ensamhushåll. Övriga levde med en partner eller med någon i beroendeställning, som ett barn eller en funktionsnedsatt anhörig samt i vissa fall med en person som också hade samlarbeteende (s. 5). Forskarna pekar på det faktum att det är dyrt och kostsamt att ha så många djur som samlaren har och att det är en bidragande orsak till att allt förfaller och blir misär (ibid).

De lyfter vidare att det också kan förekomma våld mot djuren i syfte att skada (Nadal et al. 2020 s. 6). Förutom fysiskt våld menar forskarna att det bör tolkas som våld när djur hålls instängda i ett rum, ibland i ett badrum utan fönster, och tvingas leva sina liv därinne.

En grupp spanska forskare studerade mellan åren 2002 och 2011 inte mindre än 24 djursamlare med 1 218 katter och hundar (Calvo et al. 2014). I deras studie domineras samlandet av socialt isolerade äldre kvinnor. Forskarna pekar på att samlandet i flertalet fall pågått åtminstone i fem års tid varför det kan kallas för ett kroniskt samlande. De menar att eftersom samlandet pågått under så lång tid borde någon kunnat ingripa mycket tidigare.

Ett sätt att belysa problematiken med djursamlandet är att räkna ut ungefär hur mycket tid som krävs för att ge ett djur ett minimum av vård och omsorg. Man räknar med att ett djur kräver minst 15 minuter av omsorg om dagen och om en person lever med tio djur är det 2 ½ timme per dag och följaktligen fem timmar per dag om det är 20 djur. Det är enkelt att förstå att samlandet går över styr, om inte annat för att inte tiden räcker till (Calvo et al. 2014 s. 3).

I en populärvetenskaplig artikel om djurpsykologi menar Zazie Todd (2014) att ett häpnadsväckande resultat från denna spanska studie är att djursamlaren inte får något stöd vare sig för eventuella psykiska eller medicinska problem. Det enda som händer är att djuren tas ifrån dem, vilket troligen bidrar till att djursamlare återfaller i samlande.

Arluke et al. 2017 lyfter att stöd och hjälp till djursamlare och de samlade djuren är förknippade med stora kostnader; att sanera boendet och eventuellt under en period ordna ett annat boende till djursamlaren, höga veterinärkostnader och andra kostnader riktade till djuren som till exempel uppstallning. Dessutom kan det tillkomma kostnader för insatser till eventuella barn, äldre eller andra som finns i hushållet och självklart också insatser för samlaren, som terapi eller annat stöd. Kostnader som sällan djursamlaren kan betala. Även i Sverige riskerar djursamlarna att lämnas med stora skulder och hamna hos Kronofogden.

Olika undergrupper av djursamlare

I DSM 5 anges djursamlande som en övergripande diagnos. Forskning på området visar dock att det finns olika undergrupper av djursamlare och att de kräver skilda former av behandling. Frost et al. (2015) klassificerar följande tre typer av djursamlare: Den överväldigade omsorgsgivaren; Räddaren samt Exploatören. Man menar att den tredje gruppen, Exploatören, troligen har andra bakomliggande orsaker till sitt samlande än de två första.

Den överväldigade omsorgsgivaren

Hen förnekar inte problemen helt men underskattar dem. Det finns ofta ekonomiska, sociala eller medicinska orsaker till samlandet. Även omvälvande förändringar såsom skilsmässa, arbetslöshet, dödsfall i familjen, etcetera, kan utlösa samlande. Denna djursamlare kan i grunden vara en djurägare, kennelägare eller kattuppfödare, med god djurhållning men som efter hand misslyckats med att tillgodose djurens behov. Troligen har det funnits både anknytning och omsorg om djuren innan allt gick över styr.

Den överväldigade samlaren visar större benägenhet att samarbeta med myndigheter för att lösa situationen och har mer insikt om att situationen är problematisk, än de två andra grupperna. De har också en lägre samsjuklighet med psykisk sjukdom än grupp två.

Räddaren

Hen har ofta ett stort antal djur, lever i extrem sanitär olägenhet och drivs av en vilja att rädda alla djur. Räddaren kan därför också söka sig till katthem och liknande som volontär eller för att bli fosterhem till hemlösa och övergivna djur. Det är viktigt att djurstallar och andra djurorganisationer är medvetna om detta för att undvika att djur placeras hos en samlare. Räddaren har ofta nolltolerans mot avlivning, även i situationer där djuren lider kraftigt. Många har också en ångestfylld känsla kring döden. En del samlare kan ibland uppleva att de fortfarande har kontakt med de döda djuren. Ibland känner hen det starkaste bandet till de djur som är döda och förvarar därför djurkropparna i frysen. Detta för att inte behöva släppa taget om dem.

Det är en utmanande grupp att ge stöd eftersom de saknar insikt om vidden av problemet och enligt den egna självbilden är man den enda som kan hjälpa djuren. Det finns ofta en stor motvilja mot att samarbeta med myndigheter eftersom dessa upplevs som hot och som utförare av rena övergrepp. Denna grupp har en närmast hundraprocentig återfallsfrekvens trots dom om djurförbud.

Räddaren bär ofta på erfarenheter av svåra trauman och anknytningsproblematik och upplever djuren som den enda relation där de kan upprätthålla en god, om än falsk, självbild.

Exploatören

Exploatören har oftast en sociopatisk personlighetsstörning i någon grad eller form, vilket gör hen mer eller mindre oberörd av djurens lidande. Hen drivs av att tjäna något på samlandet, antingen ekonomiskt, i status eller på andra sätt. Denne samlare är ofta ytligt sett charmig, vältalig och förmår att visa upp ett yttre som döljer de missförhållanden som faktiskt föreligger. Kännetecknande är avsaknaden av skuldkänslor eller ånger, bristen på anknytning till djuren samt ovilja till samarbete med myndigheter. Exploatören verkar inte känna ångest för separationer eller skräck för döden, vilket ofta förekommer hos till exempel Räddaren. Men detta bör studeras vidare. Denna grupp består i huvudsak av män.

Psykologisk grund för tvångsmässigt djursamlande

Till viss del kan samlande ses som en form av missbruk, något som i sig ofta har sin grund i anknytningsproblem. Det finns forskning som pekar på att djursamlare också kan ha någon form av spelmissbruk, köpmissbruk eller liknande (Lockwood, 2018). Många upplever sig förföljda av myndigheter, isolerar sig socialt och har mängder av ursäkter och förklaringar för sin situation. Olika typer av kognitiva svårigheter som låg impulshantering och dålig koncentrationsförmåga samt samsjuklighet med depression och ångest är vanligt.

Det finns en genetisk grund i samlandet men även miljöfaktorer spelar in för att utlösa problemet, inte minst trauman i barndomen, bristfällig anknytning till människor och svåra, tidiga förluster. Den bristfälliga anknytningen och fortsatta relationsproblem med andra människor som följd av det, verkar bidra till att djur ibland är den enda relation som upplevs som konfliktfri och där samlaren får känna sig verkligt behövd. (HARC, 2002).

Djuren i djursamlandet

Det finns få studier om hur djur som levt i samlarhem reagerar beteendemässigt efter att de flyttats. Utifrån vad vi kan sluta oss till från forskning om trauma bör det betraktas som ett psykiskt trauma att leva som ett samlat djur. Idag vet man att alla däggdjur och troligen även alla fåglar visar liknande reaktioner efter traumatiska händelser som de som människor kan uppleva.

I Arluke et al. (2017) sätts dock fokus på djuren i samlandet. Forskarna understryker att erfarenheten av att ha varit ett samlat djur kan påverka djurens beteenden under lång tid, även efter att de omplacerats i nya och trygga miljöer. Forskarna hänvisar till en studie där 388 hundar ingick. Hundarna kom från ett djursamlarärende och adopterades till nya familjer. Närmare 90 % av hundarna uppvisade alltifrån beteendeproblem, till känslomässiga och psykologiska störningar. Deras svårigheter kvarstod vid uppföljningsstudien som genomfördes flera månader efter att de flyttats till nya hem.

En annan studie fokuserade på samlade hundar som fått nya hem. I jämförelse med »vanliga« familjehundar hade de samlade hundarna högre grad av rädslor, anknytningsproblem och separationsångest (McMillan et al. 2016). Forskarna menar att djur med trauma som sedan upplever trygghet kan utveckla vad som kallas för »hyperanknytning« till en människa, vilket ökar risken för separationsproblem och separationsångest. Rädslor kan även kopplas till bristande socialisering med människor samt utebliven miljöträning.

Hundarna hade också lägre inlärningsförmåga och var inte lika livliga och angelägna att lära som andra hundar. Det menar man kan förklaras av att dessa förmågor främst utvecklas i miljöer där det finns möjlighet till berikning och miljöträning. Men den typen av förhållanden finns sällan i samlarhem utan de präglas snarare av faktorer som begränsar de unga djurens utveckling.

Samtidigt visade de samlade hundarna en lägre grad av aggressioner och rivalitet gentemot andra hundar, något som rent anekdotiskt också har nämnts som erfarenhet vad gäller katter från samlarhem. Dels kan det vara en konsekvens av att de socialiseras med många artfränder under uppväxten, om än inte med många människor. Socialiseringens betydelse måste förstås i relation till huruvida djuret fötts in i samlarhemmet eller införskaffats som vuxen. Dels finns det troligen inte »utrymme« att bete sig aggressivt när resurserna är begränsade, det kostar helt enkelt för mycket. Avslutningsvis kunde man notera en högre grad av stereotypa beteenden, vilket är en vanlig effekt av kronisk stress och bristande resurser för ett djur.

Att ta reda på mer om samlade djurs reaktioner och beteende kan spela stor roll för deras rehabilitering men också för de råd som bör lämnas till djurägare som köper omhändertagna djur direkt från en länsstyrelse.

Kapitel 2 – Metod och resultat

Vi har arbetat på olika sätt för att få så mycket kunskap som möjligt om djursamlare och de samlade djuren. Vi har skickat en enkät till länsstyrelserna för att sedan välja ett antal djurskyddsenheter för en längre intervju. Vi har gjort intervjuer med katthem som möter de samlade djuren samt med ett större hundstall. En intervju genomfördes också med Volen Ivanov som forskar om hoarding på Karolinska Institutet (KI) i Stockholm.

Vi kontaktade några nationella myndigheter såsom Jordbruksverket, Socialstyrelsen med flera för att ta reda på om de ger riktlinjer till länsstyrelserna eller kommunerna om hur djursamlare och samlade djur bör bemötas och vilket stöd de bör få. I en mindre kartläggning av tre orter varav två är orter vars länsstyrelse inte besvarade enkäten, har vi kontaktat andra aktörer; socialtjänst, psykiatri, städbolag etcetera. Syftet var att se i vilken utsträckning det finns kunskap om eller stöd till djursamlaren i olika verksamheter i en kommun. På det sättet menar vi att vi fått en god uppfattning om hur denna problematik förstås i Sverige idag.

Enkätstudien till länsstyrelserna

Eftersom det inte finns några studier eller annan data om djursamlare i Sverige beslöt vi alltså att skicka en enkät till landets 21 länsstyrelser. Det är länsstyrelsens djurskyddsenhet som i första hand möter denna grupp av människor och djur. En enkät skapades i systemet Easy Quest och tillsammans med ett följebrev mejlades den till enhetschefen på respektive länsstyrelse. Av dessa valde 16 att delta i studien. Två svarade att de av olika skäl avböjde att delta. Med andra ord svarade totalt

18 länsstyrelser av 21 i någon form. Varje handläggare berättar om många fall av samlare. I bilaga 4 har tabellerna från enkäten bifogats. I de fall antalet svar överskrider 16 har man kunnat ange mer än ett svar på frågan.

Frågorna i enkäten konstruerades utifrån tidigare, främst amerikansk, forskning. Men vi har också utgått från forskning från Brasilien, Italien, Australien och England. Forskningsfältet om djursamlande är ungt och det har varit enkelt att söka studier i ämnet.

Resultat

Samlarens kön och dennes relationer

Vi inledde enkäten med frågor om vem som samlar djur. Samtliga 16 handläggare angav att den vanligaste samlaren är ensamstående samt att de har erfarenhet av både kvinnliga och manliga samlare. Medan sju personer angav att det är vanligast att kvinnor samlar, angav sex handläggare istället att det vanligaste är män. 13 länsstyrelser hade även erfarenhet av par som samlar djur.

Vad gäller att det finns barn i hemmet svarar 15 handläggare att det är ovanligt medan en handläggare angav att det finns barn hos hälften av samlarna. På 13 länsstyrelser gör man rutinmässigt en orosanmälan till socialtjänsten om det bor barn hos en samlare. Tre länsstyrelser anmäler däremot endast om de finner skäl till oro. Utöver det skriver två länsstyrelser att de även gör orosanmälningar på vuxna om det finns indikation på psykisk sjukdom eller annan problematik.

Länsstyrelserna har mött samlare i åldrarna mellan 40 och 70+ men endast 1 person har stött på samlare under 40 år. Flertalet (13) har erfarenhet av samlare i åldern 61–70 och åtta handläggare angav det som det vanligast förekommande åldersspannet. Samlarnas relativt höga ålder är förstås skälet till att handläggarna upptäcker så få barn.

Det var sex handläggare som svarade att de allra flesta djursamlare också är hoarders medan övriga inte såg det sambandet. En förtydligade och skrev att det visserligen ofta finns sopor i ett samlarhem men att det snarare handlar om att djursamlaren upplever situationen som övermäktig och inte fraktar bort skräpet. Inte att hen samlar sopor.

På frågan: »Ungefär hur många samlare kommer ni i kontakt med årligen?« angav: 6 länsstyrelser mellan 1 och 5 samlare, 9 länsstyrelser mellan 6 och 10 samlare samt 1 länsstyrelse att de möter mellan 11 och 15 samlare om året.

Det innebär att 2/3 delar av de länsstyrelser som besvarat enkäten möter mellan 6 och 15 samlare per år och resterande 1/3 kommer i kontakt med mellan 1 och 5 samlare per år.

Vilka är djuren?

Av de djurslag som samlas svarar 16 länsstyrelser att det vanligaste djuret är katt. Sedan följer: hund 11; smådjur 7; hästar 7; exotiska djur 5; fåglar 4 samt lantbruksdjur 4 länsstyrelser.

Ingen uppgav att de stött på att vilda djur samlats. Det förekommer men är relativt ovanligt, varför det inte är märkligt att det inte framkom i enkäten.

Problem och skador hos djuren som länsstyrelser observerat

Vanvård i form av svält: 16
Vanvård i form av sanitära förhållanden: 16
Okastrerade djur: 15
Mask och andra parasiter: 13
Trängsel och brist på utrymme: 12
Avlidna djur som ligger framme: 11
Brist på motion: 8
Beteendeproblematik: 8
Avlidna djur i frysen: 4
Andra problem som nämndes i en öppet ställd fråga var i huvudsak inavel och bristfällig veterinärvård.

Länsstyrelsens senaste fall av djursamlare

Antal djur som samlats:
4 länsstyrelser: 1–20 djur
6 länsstyrelser: 21–40 djur
3 länsstyrelser: 41–60 djur
1 länsstyrelse: 61–80 djur
2 länsstyrelser: < 100 djur

I det senaste fallet av djursamlande var det vanligast att samlaren hade mellan 21 och 40 djur. Samtidigt uppgav två att det rörde sig om fler än hundra djur. Vi frågade också var djuren kom ifrån. 14 angav att djuren var födda i hemmet, 3 svarade att de köpts in och 9 att de införskaffats på annat sätt. 3 angav att de inte visste var alla djur kom ifrån, medan 2 svarade att det även fanns djur som dumpats hos samlaren av grannar eller andra i grannskapet.

Som orsak till att samlandet upptäcktes angav 9 handläggare att grannar till samlaren kontaktat länsstyrelsen, 7 att det upptäckts genom tillsyn, 2 att en familjemedlem slagit larm. 9 angav att det upptäckts på andra sätt.

Strategier och bemötande

Vi ställde också frågor kring strategier och bemötande och frågade vilka andra aktörer som vanligtvis följer med vid ett tillslag. Samtliga länsstyrelser har med polis till platsen, och i flertalet fall följer även en veterinär med (10 länsstyrelser). Däremot är det ovanligt att en socialsekreterare eller kurator från psykiatrin medföljer till samlarhemmet, vilket betyder att människan lämnas utan insatser. I en del fall kopplas de katthem man samverkar med in tidigt i processen för att lösa situationen med boende och i förlängningen för att omplacera katterna. Inte i något fall medföljde en etolog eller djurbeteendevetare som kunde tolka djuret ur ett beteendeperspektiv.

På två länsstyrelser svarar handläggarna att samtliga samlare återfaller och skaffar nya djur efter deras tillslag. 8 länsstyrelser menade att hälften av samlarna återfaller i samlande medan 6 länsstyrelser uppgav att flertalet samlare fortsätter samla. På frågan hur man arbetar för att minska återfall framträdde ett mönster av att handläggarna upplever det svårt eller helt omöjligt att undvika återfall eller att hjälpa djursamlaren med dennes problematik på andra sätt.

Tre handläggare svarade att de har erfarenhet av att samlare begått självmord efter tillslag. Ytterligare en länsstyrelse tog upp att hot om självmord kan förekomma i sambandet med tillslaget eller omhändertagandet av djuren men ansåg hotet mer som ett skrämskott utan allvar bakom orden.

Hur förstår man den här problematiken? 12 länsstyrelser ansåg att djursamlande främst är ett djurskyddsproblem medan 4 ser samlandet som en psykiatrisk problematik. 1 angav i en helt annan fråga, att de anser att samlande är psykiatrisk problematik och inte endast en djurskyddsfråga. Ingen handläggare ser samlande i termer av att vara ett djurplågeribrott.

Vad händer med djuren efter ett tillslag? Avlivning av djuren angavs som vanligt eller mycket vanligt av alla utom 3 länsstyrelser. Och det handlar främst om katter. Det huvudsakliga skälet till att katter avlivas är för att de anses vara skygga och därför inte går att hantera. Ett skäl till att länsstyrelserna har en medföljande veterinär vid tillslaget är, förutom att utföra en första veterinärundersökning, att kunna avliva djuren på plats.

Vad säger enkäten

Vi diskuterar nedan svaren från enkäten samt kopplar svaren till den teoretiska inledningen. En del frågor i enkäten till länsstyrelserna var öppna frågor där handläggaren fick svara med egna ord. Även dessa diskuteras här. Därefter tar vi upp vad som framkom i de fördjupade intervjuerna.

Inledningsvis vill vi slå fast utifrån svaren på enkäten att djursamlande tycks vara relativt vanligt förekommande. I enkäten angavs höga siffror för antalet upptäckta fall per år (9 angav 6–10 samlare och 1 angav mellan 11 och 15 per år). Man uppgav också ett stort antal djur när de beskrev sitt senaste fall (9 mellan 21 och 40 och 2 fler än 100 djur). Det är många människor som lider och djur som vanvårdas.

Att upptäcka djursamlare

Hur upptäcks en djursamlare? I enkäten svarar en del »på annat sätt«. I intervjun gavs handläggaren möjlighet att utveckla detta svar. Det visade sig vara en rad olika aktörer som vänder sig till länsstyrelsen när de märker att djurhållningen brister: allmänheten; en släkting; en bostadsrättsförening; en fastighetsägare; ambulanspersonal eller polis som i ett annat ärende kommit till samlarens hem; hemtjänsten, LSS-personal och boendestödjare samt veterinär. Ett par informanter lyfte att efter en insats som lett till att samlaren fått djurförbud kan grannarna vara de som anmäler till länsstyrelsen att samlandet återupptagits. Det leder i sin tur till att länsstyrelsen gör ett kontrollbesök tidigare än planerat.

Två tydliga mönster som präglar samlandet

Handläggarna urskiljer olika typer av samlare och två reflektioner var återkommande. Det första framträdande mönstret var att kattsamlarna pekades ut som den vanligaste gruppen av samlare. Oavsett var de bor, i lägenhet, hus eller på en gård, menar man att samlaren låter katterna föröka sig fritt och inte tillhandahåller tillräcklig veterinärvård. Vi fördjupar diskussionen om katternas situation i ett eget avsnitt nedan.

Det andra mönstret speglas bland annat i de fem handläggares svar som beskrev att psykisk ohälsa är vanligt förekommande hos samlare. Temat om psykisk ohälsa återkom även när vi ställde andra frågor och också bland andra handläggare. Uttryck för den psykiska ohälsan som nämndes var att samlarna uppfattades leva under socialt utsatta förhållanden, ibland till och med beskrivna som inhumana levnadssituationer, en del med personliga tragedier i sin historia och andra med intellektuella funktionsnedsättningar.

Även om de som svarar synliggör att samlaren ofta har en psykiatrisk problematik verkar det inte självklart att det följer med en person som arbetar med människor vid ett tillslag. Det tycks alltså inte finnas någon samverkan mellan djurskyddet och socialtjänsten eller psykiatrin. Ett antal spridda kommentarer ges om att det inte tjänar något till att försöka samverka, om inte annat eftersom alla insatser till människan bygger på frivillighet och samlarna vill oftast inte ha hjälp eller stöd.

Konsekvensen blir att få handläggare gör en orosanmälan till socialtjänsten angående den vuxna samlarens livssituation eftersom det sällan leder till en insats. Däremot görs orosanmälan om barn. Samtliga handläggare utom en svarar dock att det är ovanligt att barn lever med en djursamlare. Sammantaget betyder det att socialtjänst eller psykiatri sällan kopplas in.

Enstaka handläggare tog upp att samlaren försöker gömma djur eller hotar med självmord när de gör sitt tillslag. Någon menar att det mest är ett tomt hot. Samtidigt kan det vara svårt att veta om det var ett tomt hot eller inte. Länsstyrelser meddelas inte rutinmässigt om en tidigare djurägare gått bort och om man ska göra en kontroll och det visar sig att personen är avliden, delges man inte dödsorsaken.

Livssituationer som beskrevs av enstaka länsstyrelser var att människorna verkar ha »stannat i en annan tid« och inte vill ha kontakt med omvärlden. En annan grupp definierades som »lantbruksidealister« som flyttar ut på landet och skaffar djur utan att ha kunskap eller förmåga att sköta dem och till sist går allt över styr. En handläggare skilde mellan ofrivilliga och frivilliga samlare, vilket påminner om det som forskningen benämner som De överväldigade (de ofrivilliga) samlarna och Räddarna (de frivilliga).

Reflektioner kring bemötande

Även om några handläggare kommenterar att det finns olika grupper av djursamlare tillägger man att man inte lägger energi på att skilja dem åt i sitt bemötande. Samtidigt pekar flera på behovet av hjälpinsatser för samlaren men också svårigheter att lyckas nå fram till denne. Även här blir det tydligt att många ser psykisk ohälsa som orsak till samlandet men att länsstyrelserna inte har metoder för att förhålla sig till de olika samlarna. Någon kommenterar att de skulle kunna bli bättre i sitt bemötande med ökad kunskap.

Det innebär att trots denna mer mångfacetterade bild av samlaren används alltså en och samma metod när djurskyddet kommer till platsen. En handläggare skriver: »Det finns olika typer definitivt men vi lägger inte mycket krut på att skilja dem åt.« En annan menar: »Vi hanterar dessa ärenden som vilket annat ärende som helst. Det finns säkert en hel del som vi med mer kunskap skulle kunna ändra på.« Vi är övertygade om att ändrade arbetssätt som är baserade på den forskning som finns skulle få stor betydelse för alla inblandade, även för djurskyddshandläggarna.

Majoriteten menar att det svårt, nästintill omöjligt, att undvika återfall i samlandet. Problem som nämns är att: det är svårt att ändra samlarens attityd, länsstyrelser inte bedriver proaktivt arbete, man har inte möjlighet mer än i ett inledande skede att göra täta rutinkontroller hos de som får djurförbud. I vissa fall görs rutinkontroller endast slumpmässigt och då kan någon samlare slinka undan kontrollen. Enligt en undersökning av SVT (2013) bryter 21 % av de som fått djurförbud mot det. Ett argument i sig för att kontinuerliga rutinkontroller bör göras till norm.

Att djursamlare kännetecknas av inställningen att inte vilja ta emot hjälp var något som också forskaren Volen Ivanov från KI tog upp under vår intervju. KI:s Task Force-grupp, som ger praktiskt stöd och hjälp till samlare, riktar sig till både hoarders och djursamlare. Men insatsen bygger på samlarens egenanmälan om hjälp och det är inga djursamlare som vänder sig till KI för stöd. Enligt Ivanov är stödinsatserna kostnadsfria. Vi frågar oss om det även skulle gälla insatserna till djursamlare som ju är förenade med stora kostnader. Om inte annat vore det ett skäl för djurskyddshandläggarna i Stockholm, där denna Task Force-grupp finns, att kontakta gruppen och försöka motivera djursamlaren att ta emot stöd. Idag förväntas ju djursamlarna själva bekosta de insatser som görs.

De samlade djuren och vanvården

Som förväntat anges katter vara det vanligaste djuret som samlas, följt av hundar. Det var fler i enkäten som angav hästar och exotiska djur än vad vi förväntat oss. De djur som torde vara svårast att upptäcka är samlade smådjur som kaniner, marsvin etcetera. Här finns säkert ett stort mörkertal.

De samlade djurens utsatthet som handläggarna tar upp är i enlighet med annan forskning: svält, svåra sanitära förhållanden, mask och sjukdomar samt skygghet hos djuren. Flera handläggare som besvarade enkäten lade bland annat till inavel som ett återkommande problem.

En vanlig eller mycket vanlig lösning på djurskyddsproblematiken och som uppgavs av 13 länsstyrelser är avlivning och det gäller främst katter. Det främsta skälet till att katter avlivas är att de anses vara skygga och svåra att hantera. Hundar tycks inte avlivas i samma utsträckning. Vi återkommer till detta faktum.

Djurförbud

Vid omhändertagandet av de samlade djuren beslutas ofta om någon form av djurförbud. Det ses som den enda lösningen. I den nya djurskyddslagen ges djurskyddet möjlighet att utfärda partiellt djurförbud. Partiellt djurförbud innebär, i det här fallet, att djurhållaren får behålla ett fåtal kastrerade djur istället för att lämnas helt ensam. Det är ännu för tidigt att utvärdera vilken effekt det har för att förhindra ett reellt återfall med okontrollerad avel och ett ökat antal djur. I studier från England har man kunnat påvisa en viss positiv effekt men inte på alla typer av samlare. Som vi nämnt tidigare finns det länsstyrelser som arbetar på detta sätt.

Handläggarna är väl medvetna om att återfallsrisken är hög samtidigt som möjligheten till uppföljande kontroller begränsas av budgeten och andra resurser, vilka sällan räcker till. Det finns en oro för att konsekvensen av att man utfört färre kontroller under coronapandemin kommer att visa sig i att situationen för samlare och samlade djur har eskalerat till det sämre.

Övriga djur – fördjupning från intervjuer

Lantbruksdjur och hästar

Vad gäller lantbruksdjur verkar samlande främst förekomma bland så kallade hobbyhållare av exempelvis get, får och häst. Bönder kan givetvis vanvårda sina djur men är sällan samlare. Grunden för deras djurhållning är trots allt ekonomisk och att hålla allt för många djur kostar. Det upplevs av någon handläggare som att samlaren tycker om sina djur på ett sätt som den ekonomiskt drivna lantbrukaren inte gör. Ibland kan samlande av lantbruksdjur uppstå som en följd av att man känt sig tvingad att ta över en gård fast man egentligen inte ville. Situationen blir övermäktig. Andra köper nya djur för att komma till rätta med ekonomiska problem. Men det lyckas inte utan det som händer är att djuren blir fler och situationen än svårare att lösa.

En annan grupp av samlare som håller lantbruksdjur är de som ibland kallas för månskensbönder. Det är personer som flyttar ut på landet för att leva ett annat mer jordnära liv. I en del fall skaffar de sig alltför många djur. På grund av bristande kunskap och planer som inte varit verklighetsförankrade, går allt över styr. Ibland har man också en övertro till den egna förmågan att hela och läka skadade eller sjuka djur. De kan också ha egna metoder för att till exempel sko hästar, metoder vilka visar sig inte fungera. Ofta försöker de behandla fång utan veterinärmedicinsk hjälp, vilket leder till lidande hos hästarna. Ofta finns en tanke om att bara »naturen får ha sin gång« sker allt på bästa sätt. Självklart gäller detta inte alla som väljer denna livsstil.

Hästsamlande sticker ut eftersom det ofta rör sig om ett fåtal hästar. Även i dessa fall kan det finnas ekonomiska skäl bakom valet av djur enligt handläggare på länsstyrelsen. Samlaren behåller ibland hästar som de menar är »för bra« ur någon aspekt för att någon annan ska få köpa dem eller för att de anser sig vara den enda som kan sköta dem ordentligt. Samlaren kan hålla fast vid denna åsikt även om allt havererar. Vanvården hinner dock sällan bli riktigt grov eftersom hästar som lever i en hage lättare upptäcks av grannar och andra som då anmäler till länsstyrelsen.

Exotiska djur

Exploatören samlar i huvudsak exotiska djur, såsom reptiler, krokodiler, spindlar och ödlor. De bakomliggande orsakerna till denna typ av samlande tycks skilja sig från annat djursamlande. Det finns sällan någon anknytning eller känslomässig bindning till djuren.

En handläggare pekar på att samlandet av dessa djur skiljer ut sig på två sätt från annat djursamlande. Dels innebär samlandet ofta ett artskyddsbrott eftersom de djur som samlas tillhör arter som det inte är lagligt att hålla som privat person och vissa djur kan vara fridlysta. Dels tenderar samlandet att handla om att skapa en kollektion av djur som tillsammans uppfyller en grupp. Med andra ord finns det en typ av mål med samlandet, och som exempel nämns att det kan handla om att äga en viss reptilart i alla färger eller samtliga underarter av en annan. Samlandet präglas oftast av att hen vill uppnå en hög status bland andra som ägnar sig åt reptiler och ibland även ekonomisk vinning.

Själva samlandet sker i en form av undergroundverksamhet där djur och ägg byter ägare på mässor eller via sociala medier, vilket innebär att samlandet ofta är dolt. Precis som när det gäller smådjur kan man samla stora grupper av djur utan att det märks utåt, börjar lukta, och så vidare. Det kan därför vara svårt att upptäcka dessa samlare då de inte visar upp sitt hem och de samlade djuren som lever där. Ett antal aktuella domar under sensommaren 2021 visar att det handlar om ett stort antal djur, hundratals i vissa fall.

Fördjupning om katt och hund

Vi har valt att särskilt fokusera på katter och deras situation eftersom det är det vanligaste djuret som samlas. En enkät riktad till sex katthem skickades ut. Vi gjorde även en intervju med ett större katthem som vi kallar för Katthuset. Dessutom diskuteras i detta avsnitt svaren från de fyra handläggare på djurskyddet som intervjuades angående deras arbete med samlade katter. Sist i detta avsnitt tar vi upp svaren från en intervju om samlade hundars situation som genomfördes med personal på ett stort hundhem.

Vad säger enkäten riktad till katthemmen

Vi inleder med att diskutera den korta enkäten som skickades till 6 katthem eller kattorganisationer vilka själva anmält intresse av att delta. 5 av dessa besvarade enkäten.

Den första frågan var hur många samlarhem de uppskattar att de kommit i kontakt med. Katthem 1 angav att de mött 7 djursamlare under tre års tid. Katthem 2 uppgav 20 djursamlare på 5 år. Det tredje katthemmet mellan 1 och 4 djursamlare per år. Katthem 4 sade sig ha varit i kontakt med 20 djursamlare på 13 år. Medan den nystartade föreningen enbart mött en enda djursamlare under sin korta verksamhetstid.

I snitt betyder det att katthemmen är aktörer i mellan 2 och 4 djursamlarfall per år men ibland enbart en samlare. Siffrorna är lägre än vad vi förväntat oss. Det kan ha olika skäl. Katthemmen som besvarat enkäten kanske inte samverkar med länsstyrelsen eftersom de är små organisationer. Det kan finnas andra katthem i upptagningsområdet som samverkar med länsstyrelsen och då återspeglar svaren inte förekomsten av djursamlare i området.

På frågan: Var kommer katterna ifrån: är de födda i hemmet, insamlade ute eller inköpta? svarar samtliga att katterna i huvudsak fått föröka sig fritt och inte insamlats på annat sätt.

En öppen fråga ställdes om vilka skador och problem som de samlade katterna haft. Man anger där samma typ av skador som länsstyrelsen: öronskabb, svält, magproblem, effekter av att leva i en sanitär olägenhet, parasiter, rädsla och skygghet, tandproblem, inavel, svält, hög grad av okastrerade djur, döda djur som finns kvar i hemmet samt att katterna levt på en för liten yta.

För att undvika återfall menar man samstämmigt att det borde finnas ett större fokus på samlarens psykiska mående. Om det är möjligt ur djurskyddssynpunkt lämnar en av föreningarna kvar ett par kastrerade katter hos samlaren just för att undvika återfall.

Avslutningsvis ställde vi en fråga om hur samverkan med myndigheter fungerar. Samverkan beskrevs på olika sätt, alltifrån välfungerande till katastrofal.

Samverkan mellan katthem och länsstyrelser

Katthuset lyfter under intervjun att det kan finnas olika åsikter mellan katthem och länsstyrelser om vilket förfarande som är det bästa för katterna. Ofta kan det handla om huruvida man ska ta med alla katter på en gång från samlaren eller inte. Många katthem vill helst, enligt Katthuset, ta några katter i taget. Det gör i och för sig även flera länsstyrelser såvida inte vanvården är grav eller katterna är extremt många. I dessa fall vill istället flera av handläggarna samla in alla katter samtidigt. Men katthemmen kan även i dessa situationer vara mer inställda på att gå mer försiktigt fram. Det kan leda till diskussioner om vad som är den bästa lösningen.

Det kan också råda olika åsikter mellan katthem och länsstyrelser huruvida en skygg katt är möjlig att rehabilitera eller inte. En annan schism mellan dessa två aktörer är den svåra frågan om hur lång tid som är för stressande för en skygg katt att sitta uppstallad. Här saknas tyvärr forskning. Det leder i sin tur till att det är den enskilde veterinären som får avgöra vad som ur djurskyddsperspektiv är bäst för katterna. Ibland görs det i samverkan med katthemmen.

Som ett mer anekdotiskt tillägg utifrån sociala medier och diskussioner på chattar framkommer från olika katthem som inte är upphandlade, att katter från samlarhem dumpas hos dem utan uppföljning och att de sedan lämnas ensamma med de svåra avvägningarna kring hur lång tid katten ska anses kunna stå uppstallad utan att lida. Andra upplever tvärtom att de får stort stöd för varje enskild katt som de tar in.

Att det kan finnas olika rutiner och tolkningar av en problematik mellan ideella organisationer och en lagstyrd myndighet är inte märkligt. Katters situation är också en viktig fråga för katthemmen. I dessa fall kan det vara viktigt att länsstyrelsen tar det i beaktande och kommunicerar tydligt att de måste följa lagen och inget annat.

Vi vill peka på att lagen tolkas olika av olika länsstyrelser, vilket i sin tur kan skapa konflikter i relation till katthemmen. Ytterst beror det på att det inte finns någon forskning om skygga katters beteende eller tider för uppstallning. Det öppnar för skilda tolkningar av lagen och olikheter i praktiken.

Länsstyrelser om avlivning av katter

I de fördjupade intervjuerna med djurskyddet valde vi att bland annat fokusera på hur de tänker kring att det är vanligt att framför allt katter avlivas i samband med tillslag, och ibland redan på plats. En del handläggare tar upp att det ofta finns medicinska skäl till avlivning. Djursamlaren uppsöker sällan veterinär och ser inte att djuren är sjuka eller skadade. Inavel är vanligt och det går inte att på plats avgöra vilka katter som är inavlade och därför avlivas ibland samtliga. Annars är det främsta skälet till avlivning beteendemässig problematik och att katten anses för skygg för att kunna omplaceras. Något som bekräftas i sociologen Tora Holmbergs (2014) studie om djursamlande.

Samtidigt kan en katt som är skygg på grund av bristfällig socialisering och en katt som har en viss grundtrygghet med människor när de blir skrämda, bete sig på ett likartat sätt. Det är således svårt att avgöra vad som är orsaken till det skygga beteendet om katten inte har observerats under en längre tid. Det är helt enkelt ett vanligt kattbeteende att gömma sig när det kommer främlingar och att inte vara tillgänglig och gosig om man fångas in.

Andra skäl till att en del avlivar samtliga katter på plats är att man menar att det ur djurskyddsperspektiv inte är rimligt att transportera en skygg och stressad katt. Medan några endast avlivar de katter som inte går att fånga in och då tillkallas kommunens jägare för att skjuta katterna. Någon menar att det är svårt att avgöra om en katt verkligen är obotligt skygg utan att först ge den lite tid i lugn och ro. I dessa fall blir katterna uppstallade.

Självklart måste handläggarna, som vi ser det, väga in möjligheten att kunna ordna ett framtida hem åt skygga katter. Det är få som anmäler sitt intresse för katter som beskrivs som skygga. Det kan jämföras med när större fall av samlade hundar blir belysta i media då det oftast strömmar in intresseanmälningar för att ta hand om de vanvårdade och skygga hundarna. Något liknande sker alltså inte när det handlar om katter.

En fråga som ändå bör ställas är om det kan vara kattens låga status i vårt samhälle som, åtminstone ibland, bidrar till att katter avlivas i onödigt hög utsträckning. Men kanske kan de nya riktlinjer om hållande av katt som antogs 2021, och som är ett tillägg till den nya djurskyddslagen, bidra till att höja kattens status. Eventuellt kan också lagen om ID-märkning av alla katter som förhoppningsvis genomförs 2022 bidra till detta.

Som redan framkommit är djursamlaren själv psykiskt skör. Vanvården till trots är både Den överväldigade omsorgsgivaren och Räddaren fästa vid sina djur och i en del fall betraktas djuren som familjemedlemmar. Att djuren avlivas på plats, i djursamlarens hem, torde innebära ett stort psykiskt lidande för djursamlaren. Ett trauma. När det inte finns någon med traumakompetens eller annan samtalskompetens med vid tillslaget torde risken vara stor att händelsen får djupa konsekvenser för samlaren. Kanske är det inte märkligt om hen återfaller i samlande och försöker återskapa en ny »familj«. Här borde djurskyddet utveckla nya rutiner kring samlaren.

Om samlade hundar

Eftersom hundar är det näst vanligaste samlade djuret genomfördes en intervju med en av dem som arbetar på ett stort hundhem. Hundhemmet samverkar med länsstyrelsens djurskydd och andra myndigheter och det är så man får in hundar från samlarhem. Personalens erfarenheter kan därmed ge en tydligare bild av ärenden som rör hundar.

Informanten vi talat med har arbetat många år i verksamheten och har gedigen kunskap i denna fråga. Hon kände igen beskrivningar av de olika grupperna av samlare som nämnts tidigare: Den överväldigade omsorgsgivaren, Räddaren och Exploatören.

När det gäller Räddarna inkommer cirka fem ärenden per år. Det handlar vanligtvis om ett stort antal hundar per fall, mellan 10 och 30 individer, ibland fler, och vid ett tillfälle så många som 147 hundar. De sanitära förhållandena beskrivs som ohyggliga. Dock känner inte samlarna själva alls igen beskrivningen att hundarna far illa. Det är vanligt att det uppstår problem också efter omhändertagandet av djuren. Exempel på det är aggressiva ägare som försöker få tillbaka sina djur. Ibland använder ägarna sig av bulvaner som vill adoptera hundar men vars syfte är att återbörda dem till samlaren. Av det skälet ändras hundens namn, beskrivningen av dess historia och i annonsen där hunden söker ett nytt hem visas ett foto av en annan hund.

Vad gäller Exploatörer handlar det ur hundhemmets perspektiv främst om valpar som smugglats in i landet. Man smugglar dock även in vuxna hundar enbart för att avla och få fram valpkullar i ett slags valpfabriker. Om insmugglade hundar upptäcks riskerar de avlivning av djurskydds- eller smittriskskäl. En annan grupp av hundar som exploateras är populära rasblandningar som Cockerpoo och Doodle-mixar. I denna grupp finns entydiga ekonomiska skäl bakom aveln.

Hundhemmet möter också Den överväldigade omsorgsgivaren. Det är inte ovanligt att det är en uppfödare som är aktiv eller rentav ordförande i en rasklubb och som har haft en fungerande uppfödning men av något skäl har allt förfallit. Dessa omhändertaganden kan skapa stor turbulens inom den rasklubb som samlaren tillhör. Eftersom ingen har träffat hundarna i deras hemmiljö lever ofta bilden kvar i klubben att uppfödaren är välfungerande. Man väljer därför att tro på samlarens utsagor om att hundarna omhändertagits på felaktiga grunder. Men det kan röra sig om hundar som levt med intrasslade papiljotter i pälsen i åratal, har inåtväxande klor osv.

Självklart har man även andra typer av vanvårdsfall med färre antal djur och ibland kan det vara svårt att säga om det rör sig om en samlare eller annan typ av vanvård. Ofta är det ett hem ifrån vilket man redan tidigare har omhändertagit hundar eller med andra ord, ärendet pekar på återfall i samlandet.

Ryktesspridning på sociala medier

Numera sprids rykten om orättfärdiga omhändertaganden på sociala medier. Det har vi också stött på i vår studie. Det finns en liten grupp av väldigt aktiva personer som processar hårt mot organisationer som hundhemmet och länsstyrelsens djurskydd, ibland med inslag av konspiratoriskt tänkande. Vi har under arbetet med denna studie kontaktats av personer ur en sådan grupp som menar att det finns ekonomiska eller ondskefulla motiv när myndigheten övertar djur som »egentligen« är väl omhändertagna. Det kan självklart sätta stor press på både dem som arbetar på hundhemmet och länsstyrelsen. Vi återkommer till detta ur främst länsstyrelsens perspektiv.

Omplacering av samlade hundar

Vad gäller hundarna är erfarenheterna från hundhemmet positiva och de flesta kan omplaceras med goda resultat. Man har noterat beteendemässiga konsekvenser liknande de som dokumenterats i den studie om samlade hundar vi refererade till ovan. Det handlar om olika rädslor men också om aggressioner på grund av bristfällig socialisering. Många kan vara reserverade i relation till människor samt ha svårt med att vara rumsrena.

Däremot har man inte upptäckt hundar med så kallad hyperanknytning som leder till en stark separationsångest när (den nya) ägaren lämnar hunden. Hyperanknytning handlar inte enbart om att hunden inte kan vara ensam utan att den inte ens kan lämnas till en annan familjemedlem utan att få stark ångest. Ett skäl till att man inte stött på denna problematik kan bero på att när det gäller hundar från samlarhem omplacerar hundhemmet dessa hundar två och två eller att en hund placeras i en familj där det redan finns en annan hund. Eftersom andra hundar troligen fungerat som anknytningssubjekt i den miljö de växt upp i, torde det minska risken för separationsångest i relation till ägaren när hundarna får fortsätta att leva med en artfrände.

Kapitel 3 – Nationella organisationer och lokala verksamheter

Nationella organisationer

Kommunala och landstingsdrivna verksamheter får sina instruktioner och uppdrag från nationella organisationer. Vi kontaktade ett antal övergripande myndigheter eller organisationer som vi menar kan påverka hur man arbetar lokalt. Dessa var: Jordbruksverket; Sveriges kommuner och regioner (SKR); Socialstyrelsen; Hyresgästföreningen och LRF krissamverkan. Frågan är om någon av dessa myndigheter eller intresseorganisationer ger riktlinjer till länsstyrelsen, psykiatrin eller sina medlemsorganisationer om hur ärenden som rör djursamlare bör hanteras

Jordbruksverket

Jordbruksverket har ingen vägledning angående hur samlade djur bör hanteras. Det kan tyckas lite märkligt med tanke på eventuell smittspridning av zoonoser.

Sveriges kommuner och regioner (SKR)

Det Nationella vård- och omsorgsprogrammet (NVO) omfattar frågor om hur man på lokal nivå ska agera utifrån patientens/klientens sjukdom eller problematik. Den person vi talar med i ledningsgruppen för NVO känner till hoarding men inte djursamlande. Hon är även bekant med forskargruppen på Karolinska Institutet (KI) som arbetar med hoardingproblematik när det gäller skräp och sopor. Det finns vad hon känner till inte någon vägledning när det gäller djursamlare.

Kraftsamling för psykisk hälsa (KPH) är en nationell satsning för att bidra till att olika aktörer på lokal nivå, även anhöriga och ideella krafter, samverkar för att öka den psykiska hälsan. Samordnaren för KPH säger att det inte finns riktlinjer för att arbeta med djursamlare. Men nämner att det numera finns en ruta som patienten/klienten kan fylla i om de har djur. Det är dock lite oklart om man hjälper till att ordna för djuret eller vad denna information leder till.

Socialstyrelsen

Socialstyrelsen deltar i NVO (se ovan) och är med och tar fram de riktlinjer som vänder sig till beslutsfattare inom hälso- och sjukvården och socialtjänsten. I dessa dokument får personal och medarbetare kunskap om vilka åtgärder som ska sättas in vid ett visst tillstånd. Här saknas riktlinjer för djursamlare.

Vi mejlade en projektledare på Socialstyrelsen som är ansvarig för att ta fram nationella riktlinjer för depression och ångestsyndrom. Han svarar att efter en snabb sökning på *Animal Hoarding i PublicMed* (en internationell databas för bland annat medicinsk vetenskaplig litteratur) finner han inga underlag för evidensbaserad behandling riktad till målgruppen.

Han skriver vidare att det måste finnas ett kunskapsunderlag baserat på evidensbaserade metoder för att alls kunna ge några rekommendationer. När det inte finns ett sådant underlag kan man heller inte ta fram åtgärder. Slutsatsen blir med andra ord, som vi förstår det, att om det inte finns en redan framtagen evidensbaserad behandling blir en patientgrupp helt enkelt utan stöd och hjälp. Men som Clark (2019) visat har det inte tagits fram en enda ny metod riktad till djursamlare sedan djursamlande accepterades som en psykiatrisk diagnos.

I vårt svar till projektledaren bifogade vi en länk till HARC, som har de flesta vetenskapliga studierna om djursamlande på sin hemsida på Tuft University. Detta för att lyfta den kunskap som faktiskt finns på området. Länken lades, enligt honom, in på deras omvärldsbevakning för depression och ångestriktlinjerna. Om det kommer att få någon betydelse är oklart.

Hyresgästföreningen

Alla djursamlare bor inte i ett hus på landet. De bor även i lägenheter och kan förorsaka både skador på lägenheten och olägenheter för andra i trappuppgången. Man kan tänka sig att det därför borde finnas riktlinjer för att arbeta med frågan.

På Hyresgästföreningens centrala rådgivning har de dock inga instruktioner eller någon samverkan med en myndighet eller annan organisation vad avser djursamlare. Men om en hyresgäst som inte uppfyller sin vårdplikt av lägenheten riskerar uppsägning av sitt kontrakt eller om hyresvärden ställer ersättningsanspråk för att sanera lägenheten, gäller deras vanliga rutiner för att ge stöd till sina medlemmar.

LRF Regionkontor

I ett av länen finns också LRF:s regionkontor. Dessa kontor arbetar för medlemmar i kommunen och på lokalavdelningarna. Personen säger att de inte har några riktlinjer för att hantera djursamlande och att det är ovanligt att lantbrukare samlar djur. De tar istället bort sina djur när det inte fungerar.

För att sammanfatta

Det finns inte någon övergripande myndighet som handhar frågan om djursamlare eller samlade djur. När det inte finns någon central organisation som meddelar instruktioner i en fråga framstår det inte heller som märkligt att det inte finns några uttalade sätt för att arbeta med denna målgrupp. Dessvärre tycks det inte heller finnas någon plan för att ta fram dokument i syfte att arbeta med djursamlare. Människor lämnas helt enkelt utan åtgärd.

Samhällets skyddssystem tycks vara uppbyggt så att om det inte finns evidensbaserade metoder eller redan utarbetade riktlinjer, helst från internationella studier, lämnas de enskilda handläggarna (i det här fallet djurskyddshandläggarna) som möter problematiken i sin vardag utan verktyg eller avsatta resurser för att kunna göra något åt det. Vi menar att det sätter dem, men också djursamlaren och de samlade djuren, i en svår och i det närmaste olösbar situation, precis som vi beskrivit ovan.

Tre orter och deras kunskap om djursamlare

I en artikel av Arnold Arluke och Randy Frost (2002) diskuterar de hur man kan få kunskap om eventuellt stöd och hjälp till djursamlare på en lokal nivå. De genomförde en studie där drygt 70 professionella; socialarbetare; polis; åklagare; djurskyddshandläggare; hemtjänstpersonal med flera, besvarade ett långt frågeformulär samt deltog i en uppföljande intervju. Fokus var djursamlarens hälsa utifrån det faktum att den miljö som djursamlaren ofta lever i är att betrakta som hälsovådlig.

Vi beslöt utifrån detta att utföra en mindre studie för att ta reda på vad olika aktörer i en kommun känner till och om de har rutiner för att arbeta med frågan. Vi valde ut tre orter med olika befolkningsmängd, i skilda delar av landet och även i län där vi inte fått svar från länsstyrelsen. Syftet var att belysa problematiken ur ett annat perspektiv än djurskyddet på länsstyrelserna.

Vi valde en ort med cirka 15 000 invånare: *Den mindre orten*. En ort med cirka 25 000 invånare: *Den mellanstora orten* och slutligen, en ort med cirka 35 000 invånare: *Den stora orten*. På dessa platser sökte vi följande aktörer: Städfirmor eftersom de utför sanering; hyresbolag när djursamlaren bor i lägenhet; socialtjänsten; psykiatrin eftersom samlande är en psykiatrisk diagnos; LRF:s omsorgsgrupp som kan ge stöd samt ett lokalt djurhem, oftast ett katthem.

Företrädare för ovanstående verksamheter intervjuades på telefon. Vi använde inte något färdigt frågeformulär utan samtalet utvecklades efter hand. Samtidigt var vissa frågor självklara att ställa som: Möter ni problematiken med djursamlare överhuvudtaget? Detta är inte en heltäckande studie över de tre orterna i meningen att vi nått alla eventuella aktörer på en ort. I vissa fall finns inte den aktör vi söker på just den orten för att den är för liten. I något fall är den person vi talar med relativt nyanställd och har svårt att svara på frågorna.

Vi menar ändå att svarens samstämmighet oberoende storlek på orten säger något om hur problematiken med djursamlare och samlade djur uppfattas och vilket stöd som samlarna kan få. En redan känd problematik blir också belyst, nämligen att en person i en verksamhet inte har någon kunskap alls medan en annan i samma verksamhet möter flera och/eller har stor kunskap i ämnet. Stöd, hjälp och kunnande är många gånger beroende av vem det är som lyfter luren när någon ringer eller tar emot. Nedan presenteras de tre orterna var för sig och sedan diskuteras resultatet mer övergripande.

Den mindre orten

På den mindre orten finns inga lokala saneringsfirmor utan vi vände oss till en större ort i närheten. Det ena företaget bekräftar att de återkommande, om än inte regelbundet, gör saneringar efter djursamlare, även om det är mer vanligt med hoarders. Det andra företaget berättar att de får uppdrag att sanera efter enstaka samlare. Djuren som samlades enligt denna person är främst hund eller häst.

På det kommunala bostadsbolaget på orten svarar man att det inte finns några riktlinjer för hur de ska agera i dessa ärenden. Djursamlare har upptäckts några gånger men det är vanligare med hoarding. På det privata hyresbolaget jobbar de med att lösa situationen från fall till fall. Det finns inget systematiskt arbete.

Individ- och familjeenheten på Socialförvaltningen var inte bekant med djursamlarproblematiken ur den egna organisationens perspektiv.

Däremot nämnde hon att djurskyddet på länsstyrelsen orosanmäler barn till socialförvaltningen. Själva kan de anmäla till djurskyddet om de upptäcker problem i någons djurhållning.

På vuxenenheten på socialtjänsten menar handläggaren att de inte har stött på djursamlare utan enbart hoarders. Det finns ingen formell samverkan mellan djurskyddet och socialtjänsten i meningen att de kontaktar varandra och samverkar om klienten har problem som rör de båda organisationernas målområde. Socialtjänstens uppgift skulle i dessa ärenden vara att motivera klienten att söka hjälp, tillägger hon.

Socialpsykiatrin var inte bekant med termen samlande utan hänvisade till specialistpsykiatrin. Men han tog upp den nya sekretessbrytande regeln Lex Maja och att de kan anmäla utsatta djur till länsstyrelsen.

Ansvarig för specialistpsykiatrin på en närliggande ort är medveten om problematiken. Det är dock inte en fråga som de arbetar med. Skälet är att de inte har något uppdrag när det gäller denna patientgrupp. Djursamlande har inte diskuterats på några behandlingskonferenser under de nästan tio år som hon har arbetat inom socialpsykiatrin.

Katthemmet i närområdet menar att de får färre ärenden med djursamlare eftersom de inte har ett upphandlingsavtal med länsstyrelsen. Länsstyrelsen har avtal med andra katthem.

Personen på LRF:s omsorgsgrupp kände inte till att det skulle finnas något problem med djursamlare. Han menade att det snarare var ett problem förr i tiden.

Den medelstora orten

Städbolaget på orten har inte stött på problematiken med djursamlare.

Inte heller det kommunala bostadsbolaget möter djursamlare. Det ärende som man kunde dra sig till minnes skedde för 15–20 år sedan. Men, tillägger hon, det betyder inte att det inte finns i deras bestånd. På bostadsrättsföreningens lokala huvudkontor berättar den som tar emot samtalet att det har förekommit ett fall i föreningen där ett antal katter levde på en balkong och spred lukt i hela området. Men rent generellt är detta inte ett återkommande problem. Det finns därför inte heller några riktlinjer.

Socialtjänstens biståndsenhet arbetar inte med frågor om djursamlare och känner inte till problematiken. Inte heller på vuxenenheten har man stött på djursamlare. Men handläggaren tillägger att om det kommer en orosanmälan undersöker de givetvis vad som ligger till grund för den.

Hemtjänsten menar att de kommer i kontakt med frågan: både utsatta djur rent generellt och djursamlare. De anmäler till länsstyrelsen och har en upparbetad relation till djurskyddshandläggarna och kan fråga dem om råd. Stöd till människan ger de ju redan och kan kanske utöka det. Men om klienten har ytterligare behov måste denne ansöka om detta. Alla insatser ska ske på frivillig basis.

Inom socialpsykiatrin svarar handläggaren att han känner till problematiken men att det i dagsläget inte finns någon samverkan mellan olika aktörer. Det är inte en grupp som man arbetar med.

Djurhemmet på orten menar att det finns många djursamlare. De samlar främst katter men också hundar. Länsstyrelsen tar kontakt för att de ska hjälpa till och stalla upp katter.

På LRF:s omsorgsgrupp menar man att samlare är personer som inte är medlemmar i LRF. Djursamlarna vill behålla djuren till varje pris. En lantbrukare, hur mycket hen än tycker om sina djur, vet att de är produktionsdjur.

Den stora orten

På städbolaget menar hen att arbetet med att sanera efter djursamlare är ett uppdrag som de flesta vill undvika. Skälet till det är att det är djurägaren som debiteras och samlaren har i regel inga pengar. Istället görs en avbetalningsplan som sällan fungerar. Varken länsstyrelsen eller någon annan myndighet tar kostnaden och då står städbolaget med kostnaden i slutänden.

Personen på det kommunala bostadsbolaget menar att de aldrig stött på problematiken och har inte heller några rutiner för hur ett eventuellt fall skulle handläggas. På det privata bostadsbolaget ställer man sig frågande till hur det skulle kunna vara ett problem för dem över huvud taget.

Socialtjänsten har inte hört talas om problemet. Hen menar att länsstyrelsens djurskydd borde ha insatser som riktar sig till djursamlare. En annan handläggare kände till ett fall för att antal år sedan. Det finns ingen strategi men socialtjänsten är alltid öppen för samverkan. Men hen tillägger att det tyvärr är svårt att agera eftersom den enskildas självbestämmande är utgångspunkten för alla insatser.

Inom psykiatrin hänvisar man till de nationella riktlinjerna. Själv har hon ingen kunskap i frågan.

Specialistpsykiatrin vet att djursamlande är ett problem. Däremot känner man inte till att det numera är en diagnos i DSM 5. Psykiatrin kan åka ut akut och göra en suicidbedömning men det är allt. Annars bygger alla insatser på frivillighet.

Djurhemmet får regelbundet in anmälningar från allmänheten om djursamlare. Ibland varje vecka, ibland en gång i månaden. Ofta är det en kattsamlare med 20–30 katter. Det finns inget upphandlingsavtal med länsstyrelsen eftersom man inte har någon F-skattsedel.

På LRF:s omsorgsgrupp berättar den första personen vi talar med att den här problematiken är okänd. En annan person vi talar med menar däremot att detta är ett återkommande problem som omsorgsgruppen hjälper till med.

Vad säger detta

Utifrån vår studie är det tydligt att djursamlande inte ses som en psykiatrisk sjukdom som kräver någon form av insats. En del personer vi talar med känner inte ens till fenomenet och frågar sig varför det alls borde vara ett problem för deras organisation. Andra hänvisar till att alla insatser bygger på frivillighet men att de självklart är öppna för samverkan. Eller att det inte finns några nationella riktlinjer och då kan man ingenting göra. Det verkar inte finnas någon öppning för stöd och hjälp till djursamlare. Som vi ser det borde man åtminstone överväga att arbeta med motivationsstödjande insatser för att motivera djursamlaren till behandling eller annan insats.

Vi delar Arluke & Frosts reflektion att det för djursamlarens del kan föreligga hälsorisker på grund av de sanitära förhållanden som hen ofta lever under (2002, s. 125). Men även zoonoser kan spridas genom dålig djurhållning. Om inte annat borde det finnas ett samhällsintresse i att beakta hälsoperspektivet och en eventuell spridning av sjukdomar mellan människa och djur. Vi delar också Arluke & Frosts slutsats att det är ett problem att ingen myndighet har ansvar för att slå larm om djursamlarens situation, vare sig det gäller deras psykiska mående eller hälsa. Ett förslag är att någon från humanvården borde vara delaktig när en insats görs hos en djursamlare.

De som trots allt möter samlare på de tre orterna är saneringsföretagen och katthemmen och de menar att det är ett återkommande problem. För saneringsföretagen tycks det vara lite längre mellan gångerna men det är inte heller ett uppdrag som de är så intresserade av att få. Det är helt enkelt svårt att få betalt. Katthemmen verkar vara de som känner till att det finns samlare på platsen. Allmänheten kontaktar också katthemmen och berättar om samlare.

Helt ofrivilligt blev rundringningen en indirekt bekräftelse på att den sekretessbrytande regeln Lex Maja är känd inom socialtjänst och andra verksamheter. Flera inom socialtjänst och hemtjänst nämner Lex Maja och att de både kan och gör anmälningar om djur som far illa till djurskyddet i länet. Det är en positiv utveckling.

Kapitel 4 – Om stöd och behandling

Behandling av olika typer av djursamlare

I detta avsnitt sätter vi sökarljuset på den samlande människan och hur djursamlande ska förstås samt vilken behandling eller andra insatser som kan fungera.

Behandling av tvångsmässigt djursamlande är betydligt mindre utforskat än hoarding. Det man vet är dels att det ofta finns samsjuklighet med andra psykiatriska diagnoser, dels att det inte är ovanligt med svåra trauman i barndomen eller anknytningsproblematik. Exempel på andra diagnoser som kan sammanfalla med djursamlande är; personlighetsstörningar, obearbetad traumatisk sorg, ångest, depression, kognitiva svårigheter, ADHD/autism, OCD, demens, PTSD, psykossjukdomar, övergrepp och anknytningsstörningar i barndomen, att som barn eller vuxen varit utsatt för våld, samt intellektuell funktionsnedsättning. Forskare menar att samsjukligheten måste utredas och behandlas först eller parallellt med att åtgärder och behandling för djursamlandet sätts in (Patronek & Nathanson, 2009).

Det tycks inte vara verksamt med psykoterapi som ensam behandlingsform, om inte annat på grund av den stora misstänksamhet som samlaren vanligen hyser mot de som uppfattas som myndighetspersoner. En önskan och ett behov av att vilja »smälta samman« med sitt djur förekommer, vilket kan leda till att djursamlaren motsätter sig att fokusera på sig själv och sitt eget mående. En annan svårighet med terapi är när relationen till djuren används i jag-stärkande syfte för då kan behandlingen hota samlarens självbild. Det beror på att djur, till skillnad från människor, är helt i ägarens våld och inte kan motsätta sig den uppfattning som denna har av relationen och situationen i stort. Om då samlarens världsbild smulas sönder i terapin kan det få stora konsekvenser för samlarens psykiska mående (Brown, 2011). Det gäller framför allt vissa av samlarna. Exploatören är troligen inte alls intresserad av behandling, vilket är kännetecknande för människor med sociopatiska drag.

I en studie från England 2019 (Hill et al.) undersöktes vad som i vår läsning av studien tycks vara framför allt Överväldigade omsorgsgivare. Samtliga samlare som studerades var kattsamlare. Insatsen bestod av gratis kastrering av alla individer, erbjudande om omplacering och hjälp med rådgivning kring djurskötsel. Det gav god effekt och många samlare valde själva att minska antalet katter till en nivå som var hanterbar. Om någon av de andra två grupperna ingått i studien skulle resultatet troligen inte ha varit lika positivt.

Begynnande samlare och veterinärer

Forskaren Gary Patronek (1999) lägger till en grupp av samlare utöver de tre som vi redan nämnt: Den begynnande djursamlaren. Detta är en person som vill vara någon som älskar och älskas av djur. Inledningsvis får djuren en viss, om än bristfällig omvårdnad, och hen kan också visa på någon form av insikt om att skötseln inte täcker djurens behov. Denna djursamlare uppsöker troligen veterinär om något av djuren insjuknar, vilket i sig kan betyda att med rätt kunskap kan samlaren upptäckas tidigt.

Amanda Reinisch (2009) pekar just på veterinärens roll för att upptäcka djursamlare i detta begynnande stadie (s. 1071). Senare i processen är det tyvärr många som undviker veterinärer. Som vi ser det kan även länsstyrelsens djurskydd komma in tidigt i processen genom att inte vänta med en insats utan istället redan vid första indikationen på att något inte står rätt till göra ett hembesök, bilda sig en uppfattning av situationen och agera innan det har gått för långt.

Viktigt att veta är att i det begynnande stadiet av samlandet kan personen växla grupp, från Överväldigad omsorgsgivare till Räddare, däremot sällan till Exploatör. Det har självklart betydelse för hur man ger stöd och är därför viktigt att tänka på. En del begynnande samlare söker upp djurskyddsorganisationer för att ta hand om djur, varför även djurhem bör utbildas i dessa frågor.

Om fler aktörer, såsom veterinärer, djurskyddshandläggare och djurskyddsorganisationer får kunskap om de begynnande samlarna kan det förhoppningsvis förhindra lidande hos både människor och djur.

Om samverkan och samarbete

I en delstudie i sitt avhandlingsprojekt har Clark (2019) analyserat 85 internationella studier om samlande. Han visar att sedan samlande accepterades som psykiatrisk diagnos 2013 har inga nya metoder tagits fram. De två vanligaste insatserna som används på hoarders, kognitiv beteendeterapi och medicinering, har låg eller måttlig påverkan på djursamlandet. I stället visar Clarkes studie att det som tycks fungera är det som definieras som Multi Agency-baserad behandling. Med andra ord att olika aktörer, och även icke-kliniska verksamheter, arbetar tillsammans för att ge stöd till djursamlaren.

Även i en studie från Irland av C. Devitt et al. (2014) svarade de intervjuade veterinärerna att det bör finnas ett upparbetat samarbete med socialtjänsten och andra aktörer och att det är dessa som ska ge det stöd som personen behöver. d'Angelo et al. (2020 s. 10) understryker även de att samtliga aktörer bör samordna sina insatser och samverka i arbetet med djursamlare.

Forskarna Arluke & Frost (2002, s. 130) frågar sig vilka lagar och regler om djurhållning som socialarbetare och psykiatripersonal egentligen känner till. I vilken grad förstår de att det finns problem i dessa fall och inser de verkligen vidden av dessa? Arluke & Frost menar att det är bristen på kunskap om varandras arbetsområden och de lagar och förordningar som styr respektive myndighet och verksamhet, som utgör argument för att utveckla samverkan och starta så kallade Task Force-team eller Multi Agency-baserad behandling. Med andra ord team som rent praktiskt och kliniskt arbetar med stöd och behandling. Idag finns några Task Force-team i Sverige som i huvudsak arbetar med hoarders.

En annan form av samverkan är One Welfare. One Welfare är en teoretisk utgångspunkt för arbetet som slår fast att människor, djur och natur hör ihop och att insatser måste göras utifrån samtligas bästa. Nadal et al. (2020) menar att djursamlande bör förstås inom ramen för One Welfare. De anser att insatser endast kan vara framgångsrika om man utgår från djurens och människans (och naturens) perspektiv samtidigt. De betonar att man måste se hur delarna bygger upp helheten och hur en insats för djuren påverkar människan och omgivningen och naturligtvis också omvänt. Först då blir stödet framgångsrikt. De pekar samtidigt på vikten av att insatserna görs utifrån individuella bedömningar och beroende av vilken typ av samlare som är i fokus. Insatserna bör också vara integrerade över sektorsgränserna och alla bör arbeta tillsammans.

Metoden One Health eller One Welfare har utvecklats för att garantera ett helhetsperspektiv och inkludera både människa, djur och natur. Det låter kanske enkelt. Men arbetsmodellen kräver att alla inblandade myndigheter och andra verksamheter arbetar tillsammans och gemensamt försöker lösa de hinder som försvårar samverkan. Alltifrån olika regler kring sekretess, verksamheternas respektive mål och uppdrag, precis som medarbetarnas uppdrag och de förordningar som styr detsamma, allt måste diskuteras för att hitta en gemensam strategi. En strategi som tar hänsyn till hur insatserna kan göras med helheten i fokus.

Exempel på en Multi Agency-baserad behandling

Den enda studien vi känner till som studerat resultatet av samlade insatser där många aktörer från flera olika verksamheter är involverade, är Strong et al. (2018). Det handlar om en samverkansmodell som utvecklats i North Carolina.

Tidigare behandlades djursamlarfall enbart som ett djurskyddsbrott. Vid ett ingripande omhändertogs samtliga djur och samlaren dömdes för brott. Men den psykiska ohälsan hos samlaren påverkas sällan, med få undantag, av domar och ger dessutom endast ett kortsiktigt resultat. De insåg att de främst fokuserat på fall av mångårigt samlande med de konsekvenser av förfall och misär som det leder till. Istället började de att rikta in sig på att komma in så tidigt i processen som möjligt. Rent etiskt och djurskyddsmässigt menar man att det är ett problem att ingripa först när samlandet gått över styr eftersom det leder till att många djur antingen avlivas eller flyttas till redan överbelastade djurhem. Det viktigaste är att försöka stävja samlandet och arbeta med tidig upptäckt.

Av dessa skäl valde arbetsgruppen i North Carolina en ny inriktning. De skapade verksamhetsöverskridande samverkansgrupper som bestod av veterinärer, djurskyddet, djurhem, psykiatri och socialtjänst och de gjorde tillslagen tillsammans. En analys av vilken hjälp den enskilda samlaren behövde gjordes utifrån dennas individuella behov. Resultaten av samverkan har varit mycket goda. Dock ska sägas att den största framgången återigen gäller De överväldigade omsorgsgivarna. Det återstår en del frågetecken kring vilket stöd och vilken psykiatrisk behandling som är mest lämpliga för Räddarna och Exploatörerna.

Samtidigt kan det vara en stor utmaning att samverka över myndighetsgränser med olika lagar och förordningar men också olika organisationskulturer att förhålla sig till. Randall Lockwood skriver (2018):

Animal hoarding is one of the most widespread, severe, and complex forms of animal cruelty, with no easy solutions. It is a complex disorder that spotlights many of the issues raised by the intersection of behavioral sciences and the law. Several steps are needed to improve the outcome of these cases for the people and animals involved (s. 15).

Med andra ord trots de utmaningar som finns är det svårt att se någon annan väg än samverkan för att lösa den här problematiken på bästa sätt för både djur och människor.

Kostnader för insatserna

Danila d'Angelo et al. (2020 s. 4) diskuterar kostnaderna som uppkommer i djursamlarfall. De utgår från en fallstudie i Italien med en djursamlare som stod under myndigheters insyn och intervenering mellan åren 2005 och 2018 och som även drogs inför rätta vid ett par tillfällen. Utöver de kostnader som Arluke et al. (2017) nämnde i artikeln ovan, lyfter d'Angelo et al. rättegångskostnader, lönekostnader för olika tjänstepersoner samt veterinär och djurskyddspersonal. Självklart också kostnader för att behandla de samlade djurens fysiska men också psykologiska problem samt kostnader i samband med omplacering av djuren (s. 5). Fallet är när artikeln skrivs 2020 fortfarande olöst vilket i sig understryker att insatserna inte har varit effektiva (s. 8).

Djursamlare med skulder hos Kronofogdemyndigheten

Höga kostnader drabbar som vi redan nämnt också djursamlare i Sverige. Vi kontaktade Kronofogdemyndigheten för att få fram data på antalet fall som kan kopplas till djursamlare och de kostnader som är förenade med omhändertagandet av djuren. Myndigheten gjorde en sökning och kunde konstatera att sedan 2019 och fram till 1 augusti 2021 fanns 120 ärenden som kunde kopplas till sökorden: omhändertagande av djur; veterinärkostnader och sanktionsavgift i fakturatexten. Man tillägger i sitt svar att inte alla ansökningar har en specificerande fakturatext. Det betyder att det kan finnas ytterligare ärenden än de som framkom vid sökningen.

Länsstyrelserna skickade under samma tidsperiod totalt in 1 588 ärenden. Med andra ord är cirka 7,5 % av ärendena hos Kronofogden tydligt relaterade till djursamlande. Detta visar som vi ser det både på djursamlandets omfattning och de ekonomiska konsekvenser som det medför för samlaren.

Detta finns i länsstyrelsens verktygslåda idag

Hur arbetar djurskyddet med djursamlare idag? Följande avsnitt bygger på en sammanställning av intervjuer med fyra djurskyddshandläggare. Vi ställde inte direkta frågor om vilka möjligheter de har att stödja djursamlaren utan fokus var återfall i samlande. Det innebär att det kan finnas arbetssätt som vi inte uppmärksammats på. Det verkar vara ganska trubbiga verktyg som länsstyrelserna har att tillgå; partiellt eller totalt djurförbud; förelägganden; åtalsanmälan samt fysiska kontroller och hembesök. För Räddarna fungerar inte dessa verktyg särskilt bra men för de Överväldigade samlarna tycks resultatet bli mer lyckat.

Resurserna för uppföljning och kontroll är begränsade. Nya förordningar rekommenderar dessutom att man i högre grad än tidigare ska skicka brev eller mejl till djurägaren och först efter ett antal utskick åka på en fysisk kontroll. En utveckling, som vi ser det, riskerar att förhindra tidig upptäckt av djursamlare. En handläggare berättar om en viss farhåga för att kontrollerna kommer att minska på sikt. Än så länge är det dock länsstyrelsen och handläggarna som beslutar om de ska åka ut till djurägaren eller skriva brev eller ringa först.

Samma handläggare pekar på att det numera är jurister som avgör om djurförbud ska utfärdas eller inte och det har lett till att det blivit svårare att få igenom dessa. Åtminstone juristerna på denna länsstyrelse tycks leta efter tolkningar som begränsar och försvårar möjligheten för handläggarna att agera. Tidigare letade man snarare efter de tolkningar av lagen som gjorde det möjligt att agera. Konsekvensen är att det blir allt svårare att använda sig av de lagrum som trots allt finns.

Det finns också positiva förändringar och en är att det numera finns ett nationellt register för landets länsstyrelser där de till exempel kan notera en djursamlare, något som medverkar till att djursamlaren inte går under radarn enbart genom att flytta och byta kommun. Det är inte lika enkelt längre för en djursamlare att försvinna undan myndigheternas blick. En annan positiv förändring är att Lex Maja tycks fungera. Flera av länsstyrelserna får in anmälningar från både hemtjänst, boendestöd och andra om djur som far illa.

Stöd eller hjälp till samlaren handlar idag i huvudsak om att göra en orosanmälan till socialtjänsten. Man gör främst orosanmälan vid de få tillfällen som det finns barn i hushållet men ibland också på den vuxna samlaren. Samtidigt är man medveten om att insatser från socialtjänsten bygger på frivillighet och att detta är en grupp av personer som sällan vill ha hjälp. I de fyra intervjuer vi gjorde med handläggare uttrycker man att det vore bra om någon tog vid efter att djurskyddet gjort sitt och erbjöd människan någon form av stöd. Det går att ana en viss hopplöshet och frustration över att det är få, om ens några, stödinsatser som erbjuds samlaren.

Det är djursamlaren som får betala länsstyrelsens insats. Det betyder att kostnader för avlivning av djur faller på djursamlaren och är det många djur kan det bli en hög summa. Men även andra kostnader som: veterinärkostnader för hälsokontroll på djuren; foder; vaccinering; kastrering och pensionatskostnader om djuren stallas upp, läggs på djurägaren. Många samlare har redan en dålig ekonomi och riskerar i slutänden att hamna hos Kronofogden.

För att hålla nere kostnaderna för djursamlaren spelar de ideella katthemmen eller hundstallen en stor roll när de till en låg eller ingen kostnad tar hand om samlade katter eller hundar. Samtidigt har flera katthem ett upphandlingsavtal med länsstyrelsen och får en fast summa för att täcka sina kostnader. Länsstyrelse kan också samarbeta med LRF:s lokala omsorgsgrupper som går in och hjälper djurägaren när det handlar om kor eller andra lantbruksdjur. En handläggare understryker att hästar står utanför allt stöd. Det finns ingen organisation av hästmänniskor som griper in och hjälper till.

Hur används verktygslådan

Hur använder länsstyrelserna sin verktygslåda och i vilken utsträckning har det betydelse för djursamlarens återfall.

Länsstyrelsen har i dagsläget i princip två grundverktyg att arbeta med, partiellt djurförbud och djurförbud. När de utfärdat ett partiellt djurförbud kan de lämna några djur kvar hos samlaren, ofta med krav på kastration för att stoppa den okontrollerade aveln av framför allt katter. Det ställs inte lika höga krav på graden av misär och vanvård som vid totalt djurförbud. Ett partiellt djurförbud öppnar för att länsstyrelsen kan göra återkommande kontroll med några års mellanrum, om inte en granne eller annan person anmäler att djursamlaren återgått till samlande innan den nya kontrollen genomförs.

Totalt djurförbud innebär att djursamlaren inte får ha några djur alls. En handläggare pekar på en lagändring som gjort det svårare att utfärda totalt djurförbud. Oftast krävs det att det finns en dom om brott mot djurskyddslagen eller ett djurplågeribrott. Hen menar vidare att det är svårt att förstå varför förändringen genomfördes. Inte minst eftersom hens erfarenhet är att återfallen minskar drastiskt vid ett totalt förbud. Självklart görs även regelbundna kontroller med två–tre års mellanrum när ett totalt djurförbud utfärdats.

En annan handläggare lyfter att de har möjlighet att göra en åtalsanmälan, med andra ord beskriva situationen för en åklagare som bedömer om det begåtts ett brott eller inte. Det finns dock inget krav på att göra en åtalsanmälan. Hen säger vidare att hen inte riktigt ser någon mening med att göra en åtalsanmälan. Handläggaren menar att djursamlaren helt enkelt inte har förmågan att göra på något annat sätt och det förändras inte på grund av en dom.

På en annan länsstyrelse omhändertar man vanligtvis samtliga djur vid ett tillslag och arbetar i princip inte alls med partiellt djurförbud. Handläggaren menar att det inte går att avgöra vilka djur som mår dåligt, är inavlade eller utsatta på andra sätt och det är skälet till att samtliga djur tas omhand och avlivas. Därefter utfärdas ett totalt djurförbud. Samtidigt tillägger hen att de äldre kvinnorna och männen fortsätter trots djurförbud. De är ensamma helt enkelt och vill ha sällskap av levande varelser.

På den fjärde och sista länsstyrelsen menar handläggaren att samlare sällan återfaller efter deras insatser. Hen säger att samlaren ges en chans att göra rätt. Länsstyrelsen utfärdar förelägganden som innebär att samlaren måste vidta vissa åtgärder som att kastrera katterna och ta dem till veterinären för kontroll. Detta i kombination med ett partiellt djurförbud som möjliggör att de kan behålla två tre katter fungerar. Samtidigt blir det ofta ett omhändertagande av samtliga katter för samlaren klarar inte att uppfylla alla åtgärder. Då ger man i stället ett totalt djurförbud och ger djurägaren en chans att göra sig av med alla sina katter. Men det gör sällan samlaren och då omhändertar länsstyrelsen samtliga katter och när djuren är borta från samlaren avslutas ärendet.

Det är lite svårtolkat vad hen egentligen menar med att samlare inte återfaller efter deras insatser. Hen berättar om en rad krav som djursamlaren inte lever upp till och insatser som återkommande skärps efter nya kontroller av situationen. Ärenden tycks i många fall avslutas med att samtliga djur är omhändertagna. Ett annat scenario är att djursamlaren vid en närmare undersökning trots allt inte uppfyller kriterier för vare sig partiellt eller totalt djurförbud. I båda fallen avslutas ärendena. Vi tolkar det som att målet med arbetet är just att avsluta ärenden. För att öppna ärendet igen krävs en ny anmälan men innan dess kan det tolkas som att samlaren efter insatsen inte återfaller.

Vilka samverkar länsstyrelserna med

I nästan samtliga fall medföljer polis till samlarens bostad menar handläggarna. Dels för att det gör platsen till en brottsplats och då kan man omhänderta djuren. Dels för att polisen ofta har en lugnande inverkan på personen. Det är vanligt att även en veterinär följer med. Veterinärens uppgift är att göra en snabb första kontroll på djurens hälsostatus. En annan är, som nämnts, att avliva de djur som man av djurskyddsskäl anser ska avlivas direkt på plats. Utöver dessa båda aktörer samverkar man med katthem och hundstall och vid behov också med socialtjänsten; stall för hästar; LRF:s Omsorgsgrupper och i något fall även med ett slakteri.

Kapitel 5 – En arbetsmodell riktad till djursamlare

Den modell som presenteras här bygger på rapporten: *Animal Hoarding, Structuring Interdisciplinary Responses to Help People, Animals and Communities at Risk,* av Gary Patronek, Lynn Loar och Jane N. Nathanson, från 2006. Den utgår från nödvändigheten av att skapa samverkan mellan olika aktörer för att få bukt med djursamlandet samt minska risken för återfall.

Eftersom inga standardiserade behandlingar riktade specifikt till djursamlare existerar idag är det av yttersta vikt att man behandlar eventuell samsjuklighet, vilket betyder att psykiatrin och socialtjänsten måste kopplas in. De olika grupperna av djursamlare kräver skilda bemötanden och stöd för att man ska uppnå ett gott resultat. Innan man beslutar om några åtgärder bör således arbetet alltid inledas med att kartlägga vilken slags samlare det rör sig om.

Skillnader djursamlande – hoarding

Vad är utmärkande för djursamlare i jämförelse med hoarders?

- Djursamlare lever i en farlig och direkt ohälsosam miljö som kan sprida zoonoser
- De samlar levande varelser
- Två grupper av samlare har en känslomässig anknytning till sina djur
- Många har utsatts för övergrepp, vilket kan försvåra tilliten till människor
- Exploatören har sociopatiska drag och känner oftast ingenting för djuren

- Djursamlande är ett brott
- Insatsen leder ofta till en kostsam räkning för samlaren

För att undvika risken för återfall och istället arbeta preventivt i så hög grad som möjligt gäller två utgångspunkter:
1. Anpassa insatsen efter vilken slags djursamlare det rör sig om
2. Utveckla metoder för samverkan mellan flera olika aktörer

Nedan går vi igenom vad detta betyder rent konkret.

Anpassa strategi efter samlartyp

Om djurskyddet kommer in tidigt i processen och alltså möter en begynnande samlare finns det möjlighet att förhindra att situationen slår över i misär och lidande för både människor och djur. Å andra sidan kan det vara svårt att kartlägga vilken typ av samlare det rör sig om. Det beror på att samlaren i ett tidigt stadium av samlande kan växla mellan Överväldigad omsorgsgivare och Räddare.

Den Överväldigade omsorgsgivaren kännetecknas vanligtvis av:

- att tidigare ha varit en väl fungerande djurägare, inte sällan uppfödare eller till och med ordförande i en rasklubb etcetera
- att vanvården börjat och förvärrats av livssituationer såsom depression, skilsmässa, dödsfall eller förändrade ekonomiska förhållanden
- att ha en viss eller till och med stor insikt om att djuren far illa men inte klara av att förändra situationen utan stöd- och hjälpinsatser

Interventioner som är lyckade i dessa fall

- Det här är den grupp som främst kännetecknas av att vilja ta emot hjälp om den sker på ett respektfullt sätt.
- Nödvändiga insatser är kastrering och omplacering av djuren samt information om att situationen är ohållbar. Det kan vara tillräckligt för att förhindra fortsatt samlande.
- Ofta är det onödigt att använda sig av åtal. Det kan snarare förvärra situationen. Dock kan totalt eller partiellt djurförbud till sist bli nödvändigt, när andra insatser inte räcker till.
- Denna grupp är, såvida vanvården inte bedöms för grov, den grupp som i de flesta fall klarar av att få behålla ett fåtal, kastrerade djur efter intervention, till exempel med ett partiellt djurförbud.

Räddaren kännetecknas vanligtvis av:

- att ha en egen verklighetsuppfattning som leder till att hen inte ser att djuren far illa, inte ens när vanvården är grav
- att hen upplever sig själv vara den enda som kan ge djuren verklig omsorg
- att hen ser utomstående och auktoriteter som ett hot
- att hen har svårigheter att skilja ut sin egen upplevelse från djurens
- att det ofta finns en hög samsjuklighet med andra diagnoser

Interventioner som är lyckade i dessa fall

- Detta är en svår grupp att arbeta med. Det är nödvändigt att koppla in både psykiatrin och socialtjänsten. Det finns ofta en samsjuklighet och andra svårigheter som måste behandlas parallellt för att man ska kunna arbeta med själva djursamlandet.
- Medicinsk behandling mot ångest samt annat terapeutiskt stöd behövs för att hen ska kunna förändra sitt beteende.
- Det finns en hög självmordsrisk när och om en Räddare ges djurförbud. Detta bör vara en utgångspunkt för psykiatrins agerande.
- Denna grupp bör sällan få behålla några djur eftersom hens verklighetsuppfattning ofta inte överensstämmer med hur det verkligen är. Det är stor risk att djuren kommer att fara illa.
- Finns det anhöriga är det bra att involvera dem i arbetet.
- Om inga insatser hjälper kan åtal vara den enda vägen att minska ett framtida samlande men det krävs regelbundna kontroller med täta intervaller.

Exploatören kännetecknas vanligtvis av:

- att känna förakt för auktoriteter och myndigheter
- att ha en svag känslomässig empati, bristande förmåga att känna med andra, inklusive sina egna djur
- att ha en stark kognitiv empati, vilket leder till att hen är duktig på att dupera och lura andra människor

Interventioner som är lyckade i dessa fall

- Ofta är åtal den enda vägen framåt eftersom det innebär att djursamlaren inte längre tjänar eller vinner andra fördelar på sitt samlande. Det är denna »vinst« som är drivkraften för samlandet.
- Denna grupp känner inte omsorg om sina djur och ska följdriktigt inte tillåtas att behålla några djur efter en insats.

Samverkan är vägen framåt

Det är viktigt att fundera på vilka aktörer som bör involveras i en samverkansgrupp. Både psykiatrin och socialtjänsten är självklara. Andra aktörer kan vara städbolag, bostadsbolag, jurist, hälso- eller sjukvårdspersonal om det finns risk för zoonoser eller om djursamlarens boendemiljö är direkt hälsovådlig, ideella eller personal på djurhem, för att ge några exempel.

Att bygga samverkan

- Någon i länet måste initiera en samverkansgrupp och ta kontakt med företrädare på de verksamheter man tänker sig ska ingå. Inledningsvis är det ett tidskrävande arbete men det är det enda sättet att på sikt minska djursamlandet.
- En bra start på samverkan är att erbjuda en utbildning om djursamlande. Det ger möjlighet att synliggöra problematiken och lyfta vilka roller och kompetenser som bör fyllas.
- Informera andra aktörer om varför de behöver samverka i detta; Berätta att det rör sig om människor med hög självmordsrisk, självskadebeteenden, vanvård av barn, med mera.

Terminologi – Hur kommunicera med andra aktörer?

Eftersom frågan om djursamlande sällan är prioriterad hos andra aktörer kan det vara bra att fundera på hur man ska kommunicera vikten av att olika verksamheter agerar tillsammans. Nedan följer några tankar och tips.

Vi förordar att man alltid gör en orosanmälan till socialtjänsten när det gäller både djursamlaren själv och eventuella barn eller andra boende i hushållet. Det gör i sin tur att socialtjänsten blir medveten om att djursamlande är ett problem, åtminstone på sikt, och förstår att de kan behöva utveckla strategier för att kunna möta de behov som uppenbarligen finns.

För att skapa förståelse om djursamlarproblematiken hos några viktiga aktörer kan det vara bra att ha följande i åtanke.

Gentemot socialtjänst angående barn i djursamlarhemmet:

- Betona att det finns risk för zoonoser och inte endast att hemmet är smutsigt och skräpigt.
- Betona att djursamlande ofta sammanfaller med missbruk och psykisk ohälsa samt förvärras utan insatser.
- Betona att det är farligt för barns neurologiska utveckling och lungor att leva i en hög halt av ammoniak, vilket är konsekvensen av att djuren kissar inne.
- Betona att djursamlarfamiljer ofta isolerar sig från samhället och sällan tillåter besök ens från släktingar eller vänner. Med andra ord är chansen liten att någon annan kommer att orosanmäla barnen.

Gentemot psykiatrin angående den vuxna djursamlaren:

- Betona att personen måste utvärderas av psykiatrin *efter* ett ingripande eller *efter* ett djurförbud och inte medan djuren fortfarande lever hos samlaren. Forskning visar entydigt att risken för självmord och självskadebeteenden ökar markant när samlaren förlorar sina djur. Detta gäller särskilt gruppen Räddare.
- Betona att djursamlande i väldigt hög grad är förenat med andra psykiatriska diagnoser.
- Betona att det inte är ett livsstilsval att bo och leva i misär utan att det är en ofrånkomlig följd av ett beteendemönster troligen kopplat till psykisk sjukdom, trauma eller andra diagnoser, som personen behöver hjälp för att orka bryta.

Dokumentera bra och mindre bra strategier för samverkan. Det är ett pågående arbete och eftersom inga riktlinjer finns, utvecklar ni metoder utifrån era erfarenheter i varje enskilt fall. Metoder och ibland misslyckanden som kan vara viktiga för er länsstyrelse men också för andra.

Kapitel 6 – Utmaningar i arbetet för djurskyddshandläggare

Att i sitt yrke möta utsatta, djur eller människor, skapar särskilda utmaningar. Det kan vara svårt att arbeta med en djursamlare eftersom det handlar om en (eller flera) människor i en utsatt situation och djur som ofta far väldigt illa. Oftast har man som djurskyddshandläggare inte några verktyg för att kunna hjälpa den utsatta människan och det kan skapa frustration och förtvivlan. Dessutom ingår inte djursamlarens väl och ve i uppdraget och samverkan med andra aktörer som skulle kunna hjälpa till, är som vi visat i det närmaste obefintlig.

I detta avsnitt fokuserar vi på de särskilda utmaningar man ställs inför i sitt arbete då man möter utsatta individer, oavsett art, men också vad som motverkar de negativa effekterna. Det är i huvudsak Per Isdals tankar i boken *Medkänslans pris: om sekundärtraumatisering, compassion fatigue och utbrändhet hos yrkesverksamma* (2017) som ligger till grund för detta kapitel.

Vad man kan drabbas av och en kort beskrivning av dessa tillstånd

I forskningen om hur professionella reagerar i mötet med människors utsatthet talar man om sekundärtraumatisering. Sekundärtraumatisering innebär att de professionella när de konfronteras med en klients/patient trauma i en mening också blir traumatiserade. De upplever liknande känslor som de som faktiskt upplevt själva traumat.

På senare tid har man också börjat tala om vikarierande traumatisering. Det är ett begrepp som beskriver det mellanrelationella tillstånd som uppstår i oss när vi möter traumatiserade individer. Man kan säga att vi blir bärare av eller »vikarier« för andras trauman och därmed även dess effekter. Detta är något som uppstår gradvis under tid i arbetet, till skillnad från sekundärtraumatisering som kan uppstå lika akut som ett egenupplevt trauma.

Varken sekundärtraumatisering eller vikarierande traumatisering handlar om att yrkespersonen är oprofessionell i sitt sätt att förhålla sig till klienten/patienten. Det är en konsekvens av att konfronteras med en utsatt människas situation och berättelse. Att skilja ut sig själv som en professionell delperson och en privat blir omänskligt. Vi är trots allt en och samma människa, om än i olika roller.

Empatiutmattning är en form av utbrändhet av den empatiska förmågan som sker när man påverkas av andras trauman utan att själv få tillräckligt med stöd i sin yrkesroll. Under empatiutmattning får man liknande symptom som vid klassisk utbrändhet, allt ifrån sviktande immunförsvar och psykosomatiska smärtor till trötthet, undvikande av arbetsuppgifter och sjunkande motivation för sitt arbete och ibland för själva livet. Men empatiutmattning skiljer sig från utmattningssyndrom framför allt av att man får en bristande tilltro till att ens arbetet faktiskt leder till något gott och för att skydda sig själv följer en minskad empatisk förmåga. En del personer får en lägre empati rent generellt, andra kanske bibehåller sin empati för djur men inte för människor eller för vissa grupper av klienter men inte för andra. Parallellt med detta kan man samtidigt vara drabbad av klassiskt utmattningssyndrom.

Att drabbas av empatiutmattning är faktiskt vanligare bland yrkesgrupper som arbetar med djurskydd än bland de som arbetar med människor. Ändå talar vi fortfarande framför allt om detta i relation till socialt arbete med människor.

Empatiutmattning kan även drabba medarbetarna kollektivt på en arbetsplats. Det leder till att arbetsplatsen kommer att kännetecknas av höga sjukskrivningstal, stor personalomsättning, många konflikter och en minskad motivation att ta till sig ny kunskap och nya rutiner.

En viktig sak att tänka på när det gäller den här typen av tillstånd är att det är namn på samlade symptom. Dessa ger en generell bild av hur människor reagerar i mötet med utsatta människor och djur eller på situationer som upplevs som omöjliga att förändra. Samtidigt är vi människor individer och hur vi reagerar beror på vilka vi är, vår unika levnadshistoria liksom vår nuvarande livssituation. Men självklart också på hur stor arbetsbelastningen är och vilken typ av samtalsklimat som råder och om det finns stödresurser för personalen på arbetsplatsen.

Bakomliggande orsaker

Sjukskrivningstalen inom yrken som socialt arbete är höga och det är känt att veterinäryrket ligger högt när det gäller antalet självmord.

På många utbildningar får tyvärr studenterna sällan lära sig hur de ska hantera de utmaningar som de kommer att ställas inför. Ibland får de råd som »Ta inte med arbetet hem«. Det kan tyckas som ett vettigt råd men är i själva verket ganska omänskligt eftersom vi är kännande varelser som inte fungerar så. Vår empati och våra tankar om arbetet stängs inte av automatiskt när klockan slår 17.00. Den som inte lyckas följa rådet framstår både kanske i sina egna och andras ögon som gränslös. Problemet läggs på den enskilda handläggaren och inte på det uteblivna stödet att hantera arbetssituationen.

Ens yrkesval kan också bli ifrågasatt. Varför har man egentligen valt ett yrke, exempelvis att arbeta med djurskydd, när det nu visar sig vara för svårt för en? Man verkar inte kunna hantera situationer som uppkommer. Den här typen av skambelägganden ökar också risken för empatiutmattning. Man kan få ett välmenande råd att ägna sig åt så kallad självomsorg. Men det kan bli ytterligare en belastning då det skapar krav att lyckas även med det. I vissa arbetskulturer anses man som professionell när man har pressat sig själv till att bli avstängd inför de man möter. I själva verket kan det innebär en stor risk för att utveckla psykisk ohälsa om man lyckas stänga av sina känslor.

En annan riskfaktor är när man förväntas samtala över kaffet om svåra händelser med sina kollegor i stället för att erbjudas professionellt stöd av en extern handledare. Det finns risk för att man lämpar över känslor och upplevelser av till exempel maktlöshet på kollegan. Den som lyssnar kan i sin tur ha svårt att härbärgera dessa berättelser men också svårt att avvisa kollegan som behöver prata. Samtalen leder sällan till att händelsen verkligen bearbetas så i praktiken blir man utan den hjälp man så väl behöver.

Riskfaktorerna kan delas in i:

Direkta belastningar: Det handlar om akuta situationer som kan uppstå i ens yrke, såsom att se lidande hos andra, att uppleva sig hotad, att tidigare klienter hotar med eller begår självmord eller att utsättas för drev på sociala medier.

Indirekta belastningar: Det handlar om att lyssna till berättelser om svåra upplevelser eller att anhöriga till djursamlaren skuldbelägger handläggaren till exempel om djursamlaren begått självmord eller mår psykiskt dåligt efter ingripandet. Men också känslan av hopplöshet som kan drabba en när man inte kan hjälpa djursamlaren att förändra sin situation eller ser djur som far illa om och om igen, ibland till och med i samma hem.

Skyddsfaktorer

Idag vet man en del om vad som kan motverka empatiutmattning och liknande tillstånd. Självklart behövs en bra arbetsledning som ser och står på sina medarbetares sida. Men det finns ytterligare skyddsfaktorer. Enligt Per Isdal är det viktigt:

att man gemensamt på arbetsplatsen utgår från att medarbetarna påverkas av svåra händelser som sker i arbetet och i relation till dem man möter.

att ledningen uppmärksammar och uppmuntrar anställda att flagga för om situationen blir svår att hantera.

att det finns trygga platser på arbetet. Med det avses att det finns tider eller platser där man inte delar svåra berättelser om de klienter man möter utan istället får ta paus från dem.

att professionell handledning ges kontinuerligt och akut stöd erbjuds vid behov.

att anställda inte känner sig »tvingade« att härbärgera sina kollegors behov av bearbetning. I längden sparar det pengar åt organisationen eftersom det kan minska sjukskrivningar och personalomsättning.

att arbetsplatsen värnar om de anställdas privatliv. Med andra ord att det råder en familjevänlig inställning med förståelse för anställdas barn samt medarbetarens egna behov av att kunna planera sin tid, sin semester, med mera.

att man på arbetsplatsen har kunskap om att medarbetarna är i riskzonen för att drabbas av empatiutmattning och vikarierande traumatisering och därför skapar en policy för att aktivt arbeta förebyggande med att förhindra detta.

att man satsar på att skapa tillfällen som enbart ger glädje, såsom firande av högtider och liknande.

att man kontinuerligt satsar på fortbildning för anställda.

I en presentation om en pågående masterstudie (Sheridan, 2021) tillfrågades anställda inom djurvälfärdssektorn om vilka faktorer de upplevde var viktiga för att motverka empatiutmattning. Bland svaren nämndes till exempel vikten av att känna en känsla av meningsfullhet i det man gör samt att få umgås med välmående djur. Man menade att ökade möjligheter för anställda att ta med sina egna familjedjur till kontoret kan vara en skyddsfaktor.

Tid och resursbrist präglar många arbetsplatser i det offentliga idag. Samtidigt finns en diskussion om vikten av att arbeta förebyggande och rikta uppmärksamhet på att förekomma problem. Detta bör också gälla medarbetarna och inte enbart de människor som ska ges stöd. Samhället har helt enkelt inte råd att slösa med goda och kunniga arbetstagare. Många som arbetar i yrken där man möter människor och djur drivs av en önskan att hjälpa till. Det är organisationen som bör skapa de rätta förutsättningarna för att medarbetarna ska få göra just det.

Kapitel 7 – Slutdiskussion

Djursamlande och samlade djur är en problematik som är utbredd i Sverige. Det har vi visat genom de enkäter och intervjuer som vi genomfört. Samlandet har visat sig vara jämnt fördelat över hela landet. Katter och hundar är de djur som oftast blir samlade men många andra djurslag förekommer. Ett resultat från våra studier som skiljde sig från annan forskning på området är att det framkommit att både kvinnor och män är djursamlare, även om samlandet tar sig delvis olika uttryck.

Djursamlandet ser likartat ut i Sverige såsom det beskrivs i den internationella forskningen. Djursamlande är visserligen en psykiatrisk diagnos men det finns inte några erkända och utvecklade metoder för att arbeta med frågan.

Den myndighet som möter djursamlaren och de samlade djuren är djurskyddshandläggarna. Det här följer ett etablerat mönster; problem upptäcks av de som arbetar på fältet. Men de har inte tid, resurser, instruktioner eller andra verktyg för att kunna utveckla verkningsfulla arbetsmetoder och själva uppgiften i sin helhet ryms inte inom ramen för deras uppdrag.

Vi menar att ett skäl till att djurskyddshandläggarna, socialtjänsten och psykiatrin inte samverkar handlar om att det saknas en gemensam problemformulering. Man har helt enkelt inte definierat djursamlare som en klientgrupp vilken man delar. De båda lokala verksamheterna, socialtjänst och psykiatri, skulle kunna bidra med stöd till samlaren för att undvika återfall i samlande, självmordsförsök, depressioner samt bakomliggande samsjuklighet.

Ett problem som också blivit tydligt är att djursamlaren ofta lämnas kvar i en sanitär katastrof. Förutom socialtjänst och psykiatri borde även hälsopersonal medfölja och kontrollera om hemmet är möjligt att fortsätta vistas i och minska risken för spridning av zoonoser.

De lokala verksamheterna har i sin tur inte stöd i de nationella organisationerna, som till exempel Socialstyrelsen, som är den myndighet som tar fram riktlinjer för hur psykiska sjukdomar ska behandlas samt riktlinjer till socialtjänsten. Det tycks också som att den typen av riktlinjer inte kommer att tas fram med mindre än att någon annan forskar fram en evidensbaserad metod. Tills detta är gjort verkar det inte som att något metodstöd finns i sikte. Och utan metodstöd kan det bli svårt att motivera socialtjänsten och psykiatrin att agera, vilket leder oss tillbaka till länsstyrelserna som lämnas helt ensamma med ett mycket omfattande och komplext problem. Men också djursamlarna blir utan stöd i sin utsatthet och lämnas utan djur med kostsamma räkningar.

De samlade djuren

Katt är det djur som oftast lever med en djursamlare. Djurskyddets insats innebär ofta att flertalet katter avlivas medan en del placeras på katthem eller kattpensionat för att sedan omplaceras. Det är stora kostnader förenade med att stalla upp katter och någon ska också arbeta med deras trauma eller skygga beteende för att de lättare ska få ett nytt hem. I många fall framstår det som alltför kostsamt att placera katter på djurpensionat eller liknande och då anses avlivning som det mest humana ur djurskyddssynpunkt. Med andra rutiner och ett annat arbetssätt skulle troligen fler, och även skygga, katter kunna omplaceras. I förlängningen är detta en fråga, som vi ser det, som i grunden handlar om kattens status.

Hundar avlivas i lägre grad och det finns en större acceptans för att omhändertagandet innebär höga kostnader. Det är sällan svårt att hitta nya hem till vanvårdade hundar, till skillnad från att söka nytt hem till skygga katter.

Djurskyddets inställning till avlivning i kombination med deras myndighetsutövning kan även skapa problem i relation till en del djurägare. Handläggarna är ibland förföljda på nätet och hotas av grupper som anser sig vara utsatta för övergrepp och ibland till och med för mordförsök av myndigheten. Det gör handläggarna till en särskilt utsatt yrkeskår. De skulle behöva fler verktyg att arbeta med, till exempel borde beteendevetare eller psykolog med traumakompetens medfölja vid insatsen för att tala med djurägaren. Djurskyddets handläggare är inte utbildade i samtalsmetodik.

Sammanfattningsvis ser vi ett stort och komplext problem som idag knappt ådrar sig någon uppmärksamhet. Mängder av samlade djur och djursamlare far illa och djurskyddet saknar de redskap de skulle behöva.

Vi hoppas att denna skrift kan bidra till att det påbörjas en förändring, för alla inblandades bästa. Förutsättningen för det är att förstå, att djursamlare och samlade djur – inte enbart är ett djurskyddsproblem.

Litteraturlista

Arluke, A. et al. (2002). »Press Reports of Animal Hoarding« i, *Society and Animals* 10:2, 113–135.

Arluke, A. & Frost, R. (2002). »Health implications of animal hoarding – Hoarding animals research consortium (HARC)« i, *Health and Social Work*, (27), 2, 125–132.

Arluke, A. & Svanberg, I. (2016). »The Swedish Swan Lady: Reaction to an Apparent Animal Hoarding Case«, i, *Society and Animals* (24) 63–77.

Arluke, A. et al. (2017). »Animal Hoarding«, i, J. Maher, H. Pierpoint & P, Beirne (Eds). *The Palgrave International Handbook of Animal Abuse Studies*, London: Palgrave Macmillian UK. 107–129.

Brown, S-E. (2011). »Theoretical Concepts from Self Psychology Applied to Animal Hoarding« i, *Society & Animals* (19) 175–193.

Calvo, P. et al. (2014). »Characteristics of 24 cases of animal hoarding in Spain«, i, *Animal Welfare* (23) 2 199–208.

Clark, T. (2019). *Understanding Barriers to Treatment Compliance in Hoarding Disorder*. Doctoral project in partial fulfillment of the requirements for a Ph.D., School of Behavioral Sciences, California Southern University. (Opublicerat manuskript.)

Colombo, E. S. (2015). *Empathy Towards Non-Human Animals: Its Role in Emotion Recognition, Veterinary Medicine and Animal Hoarding Disorder*. Italy, University in Milano: Habricentral.org.

d´Angelo, D. et al. (2020). »Human-Animal Relationship Dysfunction: A Case Study of Animal Hoarding in Italy« i, *Animals* (10) 9 1–12. https://doi.org/10.3390/ani10091501

Devitt, C. et al. (2014). »Dilemmas experienced by government veterinarians when responding professionally to farm animal welfare incidents in Ireland« i, *Vet Rec Open* 1 1. doi: 10.1136/vropen-2013-000003

Dozier, M. E. et al. (2019). »A description of 17 animal hoarding case files from animal control and humane society« i, *Psychiatry Research* Feb 272, 365–368.

Ferreira, E. A. (2017). »Animal Hoarding Disorder: A new psychopathology?« i, *Psychiatry Research.* http://dx.doi.org/10.1016/j.psychres.2017.08.030

Frost, O. R. & HARC. (2000). »People Who Hoard Animals«, i, *Psychiatric Times* 17 (4).

Frost, O. R. et al. (2015). »The Hoarding of Animals: An Update«, i, *Psychiatric Times* 32, 4.

Isdal, P. (2017). *Medkänslans pris: om sekundärtraumatisering, compassion fatigue och utbrändhet hos yrkesverksamma*. Stockholm, Gothia fortbildning.

Ivanov, Z. V. & Rück, C. (2013). »Patologiskt samlande är ny diagnos i DSM – 5 – Svårbehandlat tillstånd med hög somatisk och psykiatrisk samsjuklighet« i, *Läkartidningen 2013:110: CDMD, 1–4.*

Gerbasi, K. (2004). »Gender and Nonhuman Animal Cruelty Convictions: Data from pet-abuse.com – Society & Animals Resource Column« i, *Society and Animals* (12) 4 359–365.

Hill, K. et al. (2019). »A novel approach to welfare interventions in problem multi-cat households« i, *BMC Veterinary Research* (15) 434.

Holmberg, T. (2014). »Sensuous Governance: Assessing Urban Animal Hoarding« i, *Housing, Theory and Society*, (31) 4 464–479.

Holmberg, T. (2014). »Wherever I lay my cat? Post-human crowding and the meaning of home i, G. Marvin & S. McHugh, S (Eds). *Routledge Handbook of Human-Animal Studies.* London: Routledge 54–67.

Hoarding of Animals Research Consortium (HARC). (2002). »Health implications of animal hoarding« i, *Health and Social Work*, 27, 125–131.

HARC hemsida https://vet.tufts.edu/hoarding/ ligger på Cummings School of Veterinary på TUFT University.

Lockwood, R. (2002). »Making the Connection between Animal Cruelty and Abuse and Neglect of Vulnerable Adults« i, *The Latham Letter*, Winter 2002, s 10–11.

Lockwood, R. (2005). »Cruelty Towards Cats: Changing Perspectives« i, D. J. Salem & A. N. Rowan (Eds). *The state of the animals III: 2005*, 15–26. Washington, DC: Humane Society Press.

Lockwood, R. (2018). »Animal hoarding: The challenge for mental health, law enforcement, and animal welfare professionals« i, *Behavioral Science and the Law*, 2018 sept. 1–19.

Nadal, Z. et al. (2020). »Noah's Syndrome: Systematic Review of Animal Hoarding Disorder« i, *Human-Animal Interaction Bulletin*, 10:1, 1–21.

Ockenden, E. M., De Groef, B. & Marston. L. (2014). »Animal Hoarding in Victoria, Australia: An Exploratory Study« i, *Antrozoos* 27 (1) 33–47.

Patronek, G. J. (1999). »Hoarding of animals: an under-recognized public health problem in a difficult-to-study population« i, *Public Health Reports*, 114 (1) 81–87.

Patronek, G. J. (2001). *The problem of Animal Hoarding*. Municipal Lawyer.

Patronek, G. J., Loar, L. & Nathanson, N. J. (2006). (Eds). *Animal hoarding: structuring interdisciplinary responses to help people, animals and communities at risk*. HARC.

Patronek, G. J. & Nathanson, N. J. (2009). »A theoretical perspective to inform assessment and treatment strategies for animal hoarders« i, *Clinical Psychology Review* 29 274–281.

Poloski, H. L. et al. (2020). »Cognitive performance of individuals with animal hoarding« i, *Health and Quality of Life Outcomes* 2020 1–7.

Price, M. (2017). »Animal hoarding is its own mental disorder, study argues« i, *Science* 18 September 2017. https://www.science.org/content/article/animal-hoarding-its-own-mental-disorder-study-argues

Reinisch, I. A. (2009). »Characteristics of six recent animal hoarding cases in Manitoba« i, *The Canadian Veterinary Journal* 50 October 1069–1073.

Sheridan, L-J. (2021). *Presentation on RASE conference*, University of Exeter.

Steketee, G., et al. (2011). »Characteristics and Antecedents of People Who Hoard Animals: An Exploratory Comparative Interview Study« i, *Review of General Psychology* 2011 (15) 2 114–124.

Strong, S., et al. (2019). »A Collaborative Model for Managing Animal Hoarding Cases« *i, Journal of Applied Animal Welfare Science*, (22) 3 267–278.

Svanberg, I. & Arluke, A. (2016). »The Swedish Swan Lady: Reaction to an Apparent Animal Hoarding Case« i, *Society and Animals* 24, 63–77.

Svanberg, Ingvar. (2018). »Tvångsmässiga djursamlare« i, *Serinus 1 18–19.*

Todd, Z. (2014). »What Is a Typical Animal Hoarder« *Companion Animal Psychology* 23 april 2014. https://www.companionanimal psychology.com

Zazie, T. (2019) »Taking an Integrated Approach to Animal Hoarding« i, *Psychology today*, 19 August.
https://www.psychologytoday.com/us/blog/fellow-creatures/201908/taking-integrated-approach-animal-hoarding

Vaca-Guzman, M. & Arluke, A. (2005). »Normalizing passive cruelty: The excuses and justifications of animal hoarders« i, *Anthrozoös* (4) 2005.

Zahid, S. (2016). »An overview of Diogenes syndrome in the context of animal hoarding: a rare disorder« i, *Journal of Geriatric Care and Research* (3) 2 46–47.

Djursamlare i svensk litteratur

Grankvist, S. (2012). »*Vi brukar säga; hur man tar hand om djuren är ett mått på hur ett samhälle mår« – En intervjustudie om beslutsfattande inom djurskyddsmyndigheterna.* Stockholms universitet, C-uppsats. Kriminologiska institutionen, Stockholm.

Fridegård, J. (1950.) *Äppelträdet.* Stockholm Wahlström & Widstrand förlag.

Hellqvist, H. (2012). *Karlstads zoologiska.* Stockholm: Albert Bonnier förlag.

Jahn, S. & Knutas. M-A. (2021). *Pappas flicka på hästgården.* Stockholm: Lind & Co.

Lerin, L. (2020). *Elsa i Skräddartorp och hennes 28 katter.* Stockholm: Bonnier Carlsen.

Thunberg, K. (2008). *En dag ska jag berätta om mamma.* Stockholm: Brombergs förlag.

Striwing, H. & Åslund, M. (2005). *Djurskydd – Fakta och tips,* Striwing förlag.

Bilaga 1 – Hur förståelsen om olika typer av djursamlare växer fram

Tolkningsmodeller växer fram

Psykologiprofessorn Randy Frost skriver tillsammans med Hoarding of Animals Research Consortium (HARC) i tidskriften *Psychiatric Times* (2000) en artikel om vem det är som blir djursamlare. De slår fast att det i huvudsak är ensamstående äldre kvinnor samt att det vanligaste djuret som samlas är katt. Syftet med artikeln är att ta fram förklaringsmodeller om vad som ger upphov till samlandet. En del av dessa tolkningsmodeller används inte längre medan andra fördjupats och blivit en del av hur samlarproblematiken förstås idag. Vi speglar den här utvecklingen för att visa med vilket engagemang dessa forskare arbetat för att förstå djursamlande och hur de skapat teser och modeller som de sedan efter ytterligare studier, egna eller andras, ersatt med andra modeller och teorier.

En tolkningsmodell var att samlaren lider av vanföreställningar (s. 3). Ett exempel på en sådan vanföreställning menar man är att samlaren anser sig kunna kommunicera med djuren. En annan villfarelse som nämns är när samlaren hävdar att djuren mår bra, lever lyckligt och hälsosamt, trots stor misär.

Förklaringsmodell nummer två gjorde gällande att djursamlande är en varningssignal för demens. Grunden för antagandet var att många av samlarna stod under någon form av tillsyn från myndigheter och att de inte hade någon insikt om sitt »irrationella beteende« (ibid). Man hade också sett en koppling mellan begynnande demens och hoarding. Numera anser forskarna att det inte finns något som talar för ett sådant samband.

En tredje förklaringsmodell jämförde istället samlande med drogmissbruk. Djuren likställdes med att vara ett slags drog och samlandet en form av missbruk. Här fokuserade forskarna på att samlaren förnekar att det finns problem, att de är isolerade från samhället och att personen inte ser till sin personliga hygien eller den smutsiga och kaotiska omgivningen de lever i. Man menade att bristen på impulskontroll bidrog till att samlandet gick över styr.

Det diskuterades även om det eventuellt fanns en liten avgränsad grupp av samlare som kunde antas vara zoofiler. Men man kom till slutsatsen att det inte fanns evidens för att det skulle orsaka samlandet.

En fjärde tolkningsmodell som föreslogs kopplade samlandet till anknytningsteorier. Man menade att den enskilda individen, djursamlaren, hade en problematisk anknytning, vanligtvis till mamman. En konsekvens i vuxen ålder av en bristfällig anknytning är att det kan leda till svårigheter att knyta an till andra människor. Djur erbjuder i en mening en möjlig anknytningsrelation. Denna modell skriver man i artikeln ligger i linje med teorier om hoarding.

Den femte och sista tolkningsmodellen de laborerar med handlar om att förstå samlande i termer av Obsessive Compulsive Disorder (OCD) och då särskilt två av de kriterier som ingår i diagnosen. Det första kriteriet är att samlaren känner en överväldigande ansvarskänsla, i det här fallet för att hindra att djuren ska utsättas för någon form av skada. Det andra kriteriet handlar om att samlaren har helt orealistiska uppfattningar om hur ansvaret ska iscensättas och genomföras. Det påminner om andra OCD-patienters upplevelser av ansvar och genomförandet av detta ansvar.

Dessutom är 20–30 % av personerna med OCD också hoarders (Frost 2000, s. 4). Artikeln avslutar genomgången med att slå fast att det troligen finns en överlappning mellan hoarding och att samla djur och att OCD-modellen därför kan vara användbar.

Djursamlande blir en diagnos

När hoarding och djursamlande blivit en erkänd diagnos går flera forskare i USA samman och uppdaterar artikeln i tidskriften *Psychiatric Times* (Frost et al. 2015). De menar att skälet till att djursamlande alls tog sig in i DSM – 5 är att djur juridiskt sett klassas som saker och därmed tolkades som ett slags hoarding. Troligen, skriver de, hade djursamlande inte blivit en psykiatrisk diagnos om djur setts som levande varelser. Forskarna vill nu synliggöra vad som är karakteristiskt för just samlandet av djur.

Om man tidigare fokuserat på likheter mellan djursamlande och hoarding lyfter man nu det som skiljer de två olika typerna av samlande åt. Djursamlande skapar, till skillnad från hoarding, en rent livsfientlig hemmiljö. Djur som kissar och bajsar inomhus med konsekvensen att urin sugs upp i väggar och golv leder till en hög koncentration av ammoniak som sedan blandar sig med andra bakterier i inandningsluften och blir skadlig för de som andas in den. Det finns också risk för spridning av zoonoser. Djur som är sjuka, döende och även döda trängs på en alltför liten yta. I en jämförande studie som forskarna hänvisar till (s. 1) är hälsoriskerna mycket större vid djursamlande än vid hoarding.

Tvångsmässigt djursamlande är troligen en egen diagnos

Dessa skillnader mellan djursamlare och hoarders har lett till att man på senare år diskuterat huruvida tvångsmässigt samlande av djur ska ses som en helt egen diagnos, skild från hoarding. I en studie från Brasilien utgår forskare från kriterierna i DSM 5 och hur djursamlare definieras (Ferreira et al. 2017 s. 3). I DSM 5 anges för det första att djursamlare har en lägre insikt om sin problematik än hoarders och för det andra att de har en livsmiljö som är klart sämre och mer ohälsosam än hoarders. Dessutom sägs många djursamlare även samla på saker men däremot sällan det omvända.

Ovanstående kriterier överensstämmer inte med Ferreira et al. studier. Där var istället cirka 50 % av djursamlarna inte hoarders och närmare 30 % av respondenterna visade, tvärtemot vad som anges i DSM 5, insikt om de svårigheter som var kopplade till samlandet. Ferreira et al. menar vidare att trångboddheten som går att se hos hoarders inte är likartad hos djursamlare eftersom djur är rörliga hela tiden. Det är inte ett statiskt samlande som byggandet av skräp längs väggarna är och de menar att det har betydelse. De tar också upp att det är skillnad på att kassera levande djur och saker.

En annan viktig skillnad som Ferreira et al. synliggör är att djur, till skillnad från saker, ständigt och återkommande kräver uppmärksamhet och omsorg. Även om djursamlaren inte är kapabel att ge ens den mest grundläggande omsorg skapas det ändå i det omhändertagande som djursamlaren föreställer sig att hen ger, ett band som gör det svårt att skiljas från djuren. Samtidigt pekar forskarna på att flertalet djursamlare, trots att de erbjuds hjälp som att; förbättra sin hemmiljö, gratis veterinärvård och gratis kastration av djuren, ändå nekar till stöd. Forskarna understryker att deras data enbart bygger på två empiriska studier och att det inte går att dra några generella slutsatser utifrån deras arbete.

Även i Arluke et al (2017 s. 111) diskuteras om djursamlande ska ses som en separat diagnos. Också här pekar man på de fruktansvärda sanitära förhållandena som djursamlare lever under och som inte har någon motsvarighet hos hoarders. När det gäller hoarders är fördelningen mellan kvinnor och män ungefär 50 % kvinnor och 50 % män, men djursamlande domineras av kvinnor. Slutligen lyfter man att visserligen har båda grupperna låg insikt om sin problematik men bland många djursamlare försvåras möjligheterna till förändring av deras upplevelse av att de kan kommunicera med djuren och att de är de enda som förstår djurens behov och kan bemöta dessa (ibid).

Diskussionen om diagnoskriterier och hur man ska förstå djursamlande är ännu i sin linda. Om och när djursamlande väcker fler forskares intresse kommer troligen kunskapen att ytterligare fördjupas.

Bilaga 2 – Fallstudier

Nedan ges exempel på de tre kategorierna av djursamlare: Överväldigad omsorgsgivare, Räddare och Exploatör. Vi har valt att exemplifiera med smådjur. En grupp av djur som troligen är svåra att upptäcka.

Exempel på en Överväldigad omsorgsgivare

Denna uppfödare av marsvin var väl ansedd i marsvinskretsar. Ekonomiska svårigheter, ångest och depression följde efter uppfödarens skilsmässa, vilket ledde till att skötseln av marsvinen försämrades. Djuren fick springa fritt i lägenheten. Uppfödaren varken städade hemmet eller rengjorde marsvinens burar. Det ledde i sin tur till att marsvinens urin skadade golven och en del honor födde ungar utan att uppfödaren lade märke till det, bland annat mellan soffkuddarna.

Kvinnan hade en viss insikt om problemet men var oförmögen att sluta avla på marsvinen. Hennes tanke var att hon genom sin uppfödning skulle lyckas ordna upp sin ekonomi. Hon var inte helt obenägen att ta emot hjälp men kände en stor oro för att situationen skulle komma länsstyrelsens djurskydd till del. Risken som hon såg var att hon skulle fråntas alla djuren innan hon hunnit vända på ekonomin, en vändning som hon trodde skulle ske inom en nära framtid.

Exempel på en Räddare

Här handlar det om en ensamstående kvinna med flera former av missbruk. Hon köpte marsvin i olika djuraffärer. Hennes upplevelse var att det var synd om djuren och att hon var den enda som kunde ge marsvinen ett gott hem.

I hemmet fanns en stor mängd djur inträngda i små burar vilka staplats ovanpå varandra. Djuren fick endast bristfällig skötsel och utan veterinärvård tvingades sjuka djur att självdö i burarna. Hon kunde inte göra sig av med de döda djuren utan frös istället in dem. Till sist blev hon tvungen att köpa fler frysboxar för att få plats med alla döda djur. Hon hade ingen insikt om djurens lidande eller svåra livsförhållanden. Enligt henne tog hon hand om dem på bästa sätt. Hon uppvisade en stor misstänksamhet mot myndigheter och alla som försökte blanda sig i hennes räddningsmission.

Exempel på en Exploatör

Här återfinns uppfödare och försäljare av exotiska djur och de drivs av att göra ekonomisk vinst. Exploatören är ofta skicklig på att tala sig ur situationer och flyttar vid behov för att försöka undgå upptäckt av lagbrott samt brott mot djurskyddslagen. I värsta fall upptäcks graden av vanvård och det höga antalet djur först när personen lämnat landet och djuren är lämnade vind för våg.

Bilaga 3 – Djursamlande i media och den svenska Svankvinnan

I ett par artiklar studeras hur press och media beskrivit problematiken (Arluke, et al. 2002 samt Vaca-Guzman, & Arluke, 2005). Forskarna sammanfattar och menar att media inte speglar allvaret utan snarare normaliserar samlandet. Ingvar Svanberg skriver tillsammans med Arnold Arluke (2016) om hur djursamlare beskrivits i svensk media. En övergripande fråga är hur journalister och media förstår och beskriver att någon har (många) djur utan att ge dem tillräckligt med mat och vatten, utan att tillhandhålla veterinärvård när djuren är sjuka eller utan att ge tillräcklig tillsyn. Tolkas det ens som djursamlande?

I artikeln nämner de ett antal fall som beskrivits i olika tidningar. Vi tar här endast upp det mest kända fallet av samlade vilda djur i Sverige, Svankvinnan. Svankvinnan bodde i Stockholm och »räddade« genom åren ungefär 150 svanar. Fåglarna tvingades bo i hennes enrumslägenhet. När polisen till slut tog sig in i lägenheten efter anmälan från en granne, möttes de av en fullständig misär och svanar som var i mycket dåligt skick (s. 68). I pressen gav man henne namnet Svankvinnan.

I de artiklar Arluke & Svanberg analyserar visar de att media visserligen skriver om det i termer av djurplågeri. Men samtidigt kan man inte låta bli att fascineras över att Svankvinnan lyckats att få in dessa både stora och aggressiva fåglar i sitt hem. Att hon kunde ha psykiska problem eller en psykisk sjukdom och att det var grunden för hennes handlingar var det ingen som reflekterade över. En journalist skriver från den rättegång som genomfördes att han »aldrig varit på en rättegång där alla var överens om att den anklagade 'menat väl' (s. 71)«. I media omtalades hon aldrig som »samlare« (ibid).

Det var inte heller fokus på svanarna och deras utsatthet utan snarare på kvinnan som gjorde sitt bästa för att »rädda« dem. Något som i sin tur bidrog till att Svankvinnan blivit en historia och en myt om en kvinna som kämpade för svanar istället för en kvinna som samlade och plågade vilda djur (s. 74). En form av bekräftelse på den tolkningen är att det också gjorts en dansföreställning om Svankvinnan. Den spelades så sent som 2019 på en Internationell scenkonstfestival i Åbo. Föreställningen beskrivs i *Åbo Underrättelser:* »Det är en gripande berättelse baserad på en sann historia om en ensam kvinna som börjar ta hem svanar som sällskap.« Fast det i verkligheten handlade om en psykiskt sjuk kvinna och ett utdraget djurplågeri.

Bilaga 4 – Enkätdata

De öppna frågeställningarna diskuteras i rapporten. Här följer den statistiska datan och frågorna vi ställde.

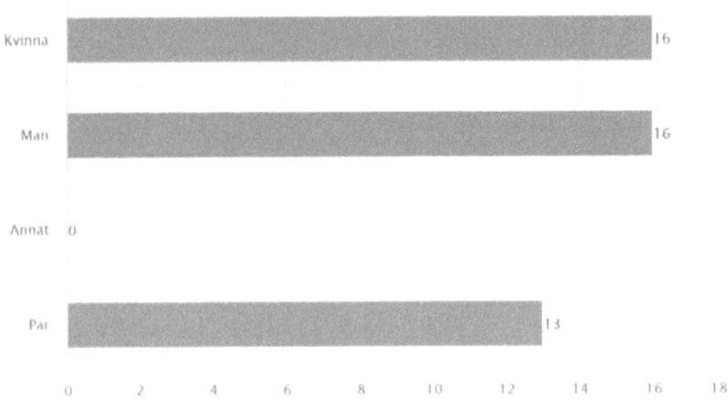

Familjesituation

Markera det vanligast förekommande

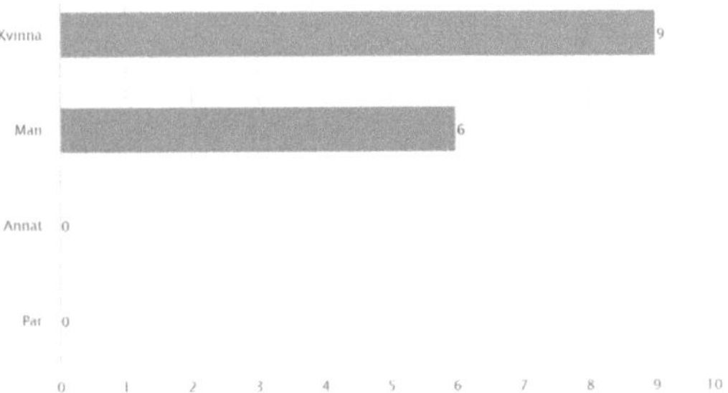

Markera det vanligast förekommande

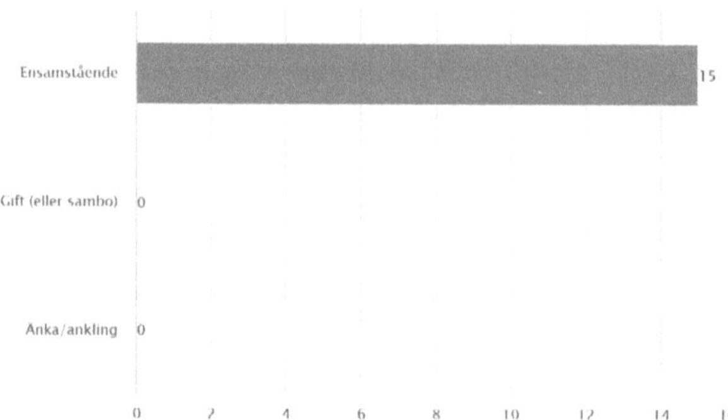

Förekomst av barn i hemmet

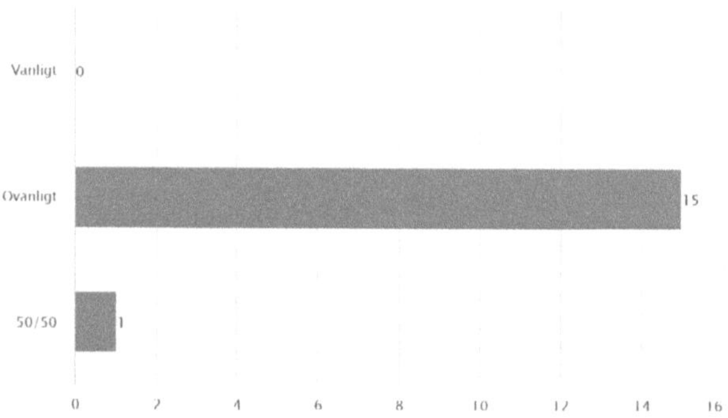

Samlarens ålder

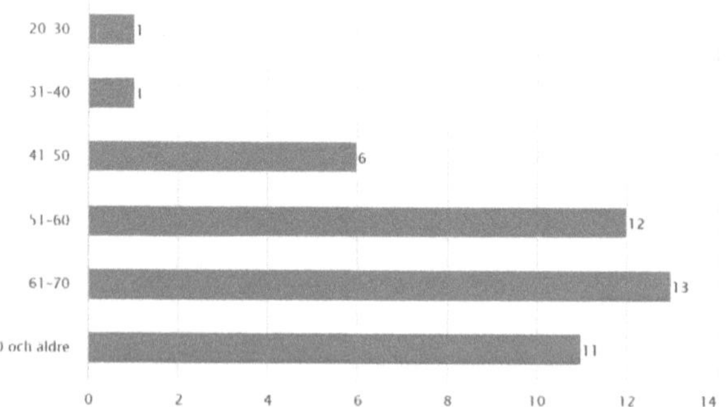

Markera det vanligast förekommande

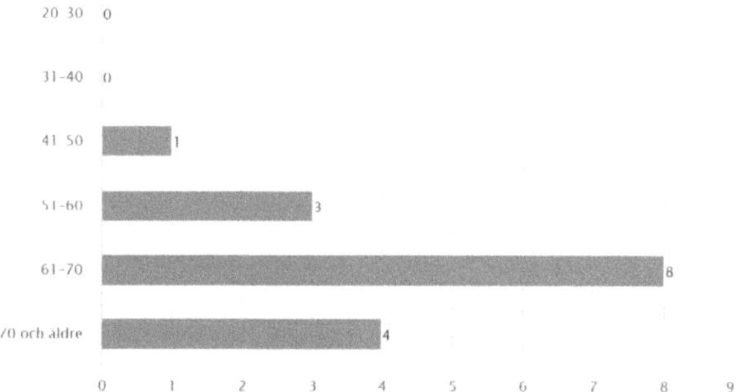

Djurslag som samlas

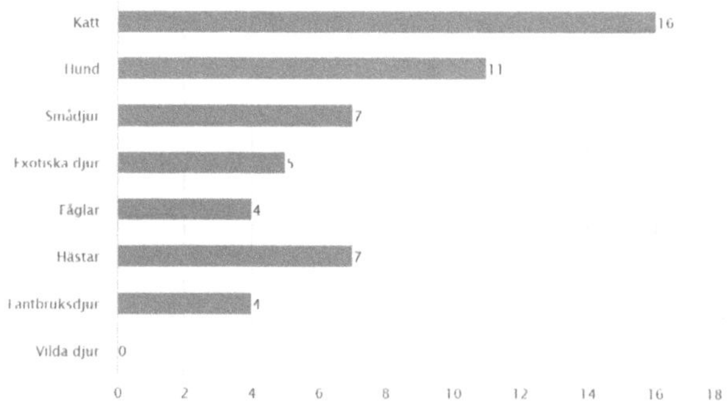

Antal djur som samlas

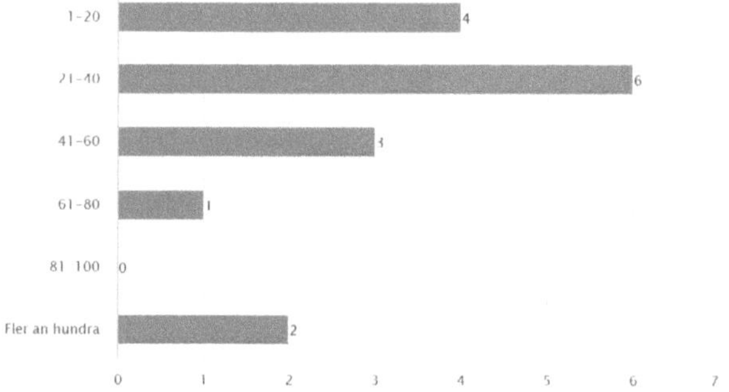

Varifrån kom djuren?

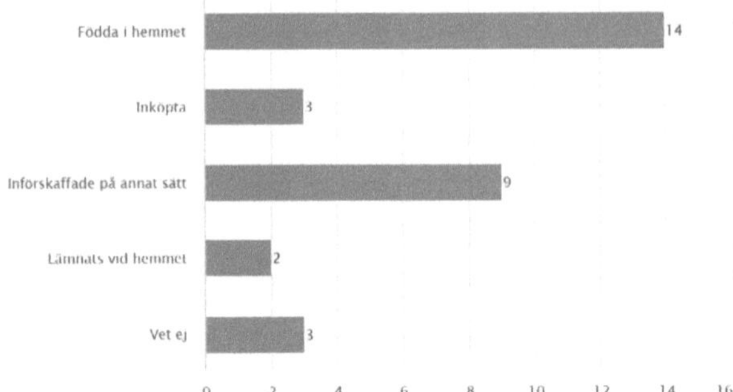

Hur upptäcktes samlandet?

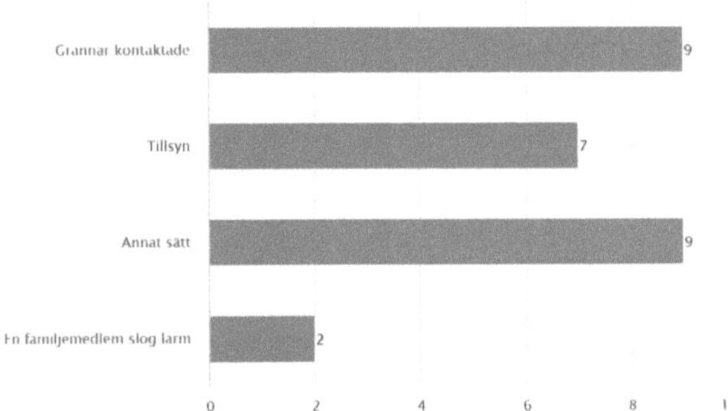

Ungefär hur många samlare kommer ni i kontakt med årligen?

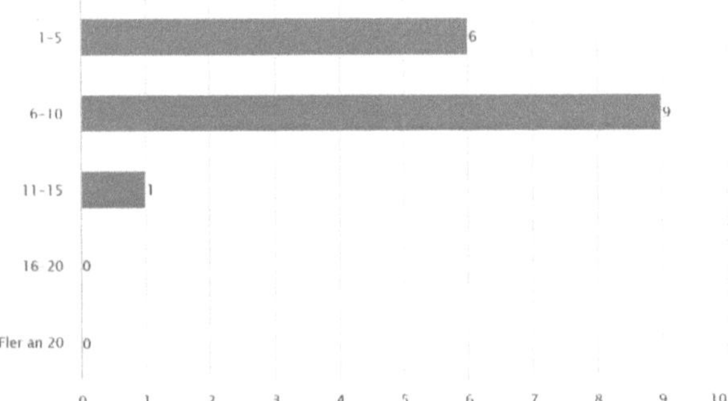

Är det er erfarenhet att djursamlare även samlar saker? Om ja, uppskatta i procent

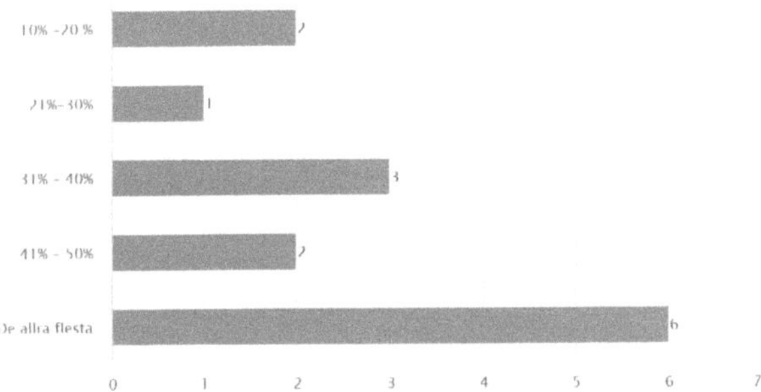

Är er erfarenhet att djursamlare återfaller och skaffar nya djur efter er insats?

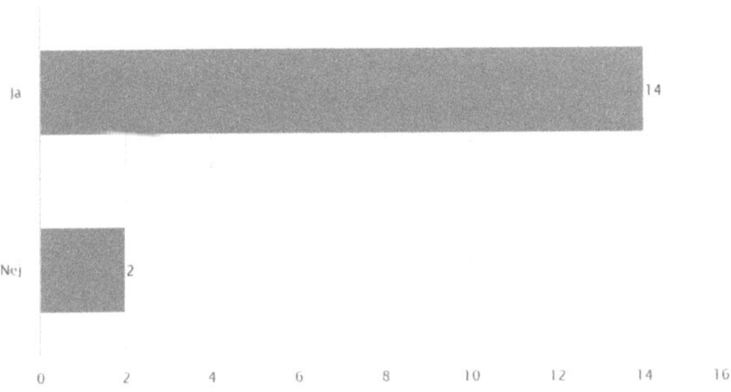

Gäller återfall i samlande samtliga djursamlare?

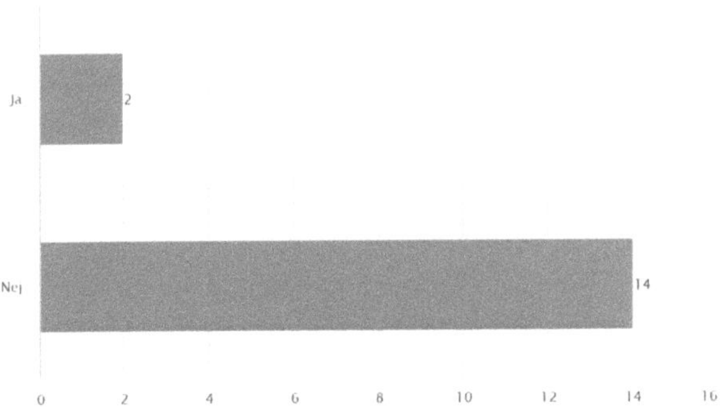

Hur många gäller det annars?

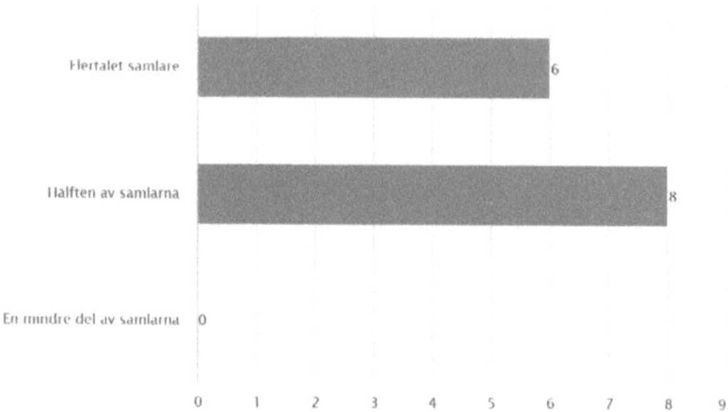

Har ni erfarenhet av djursamlare som begått självmord efter tillslag?

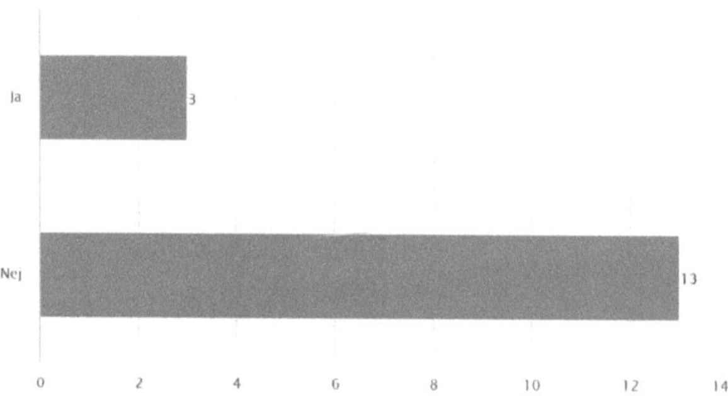

Vilka problem/skador upplever ni att djuren har?

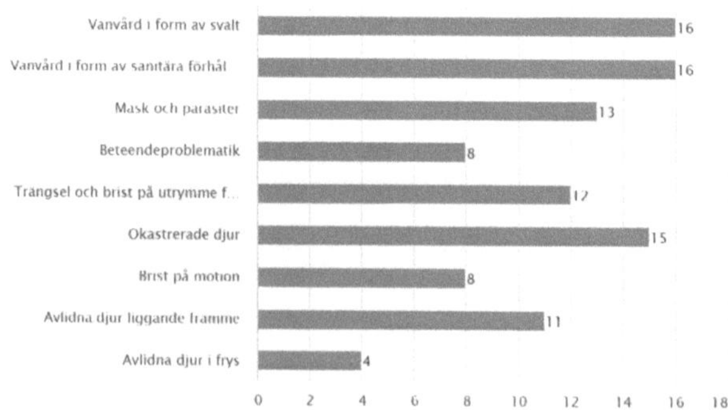

Vilka andra aktörer har ni med er vid tillslag?

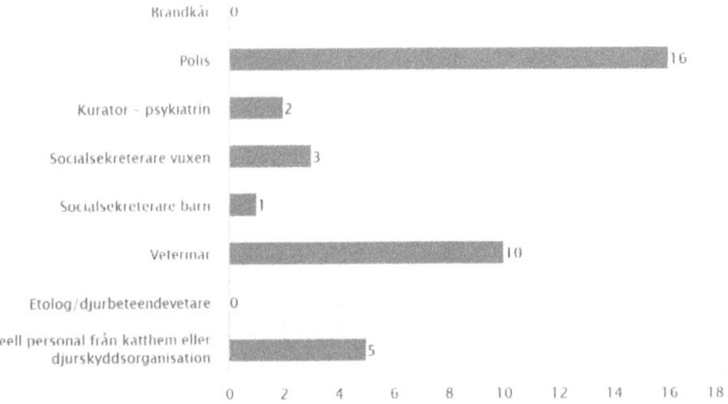

Gör ni orosanmälan till socialtjänsten för barn som befinner sig i samlarhem?

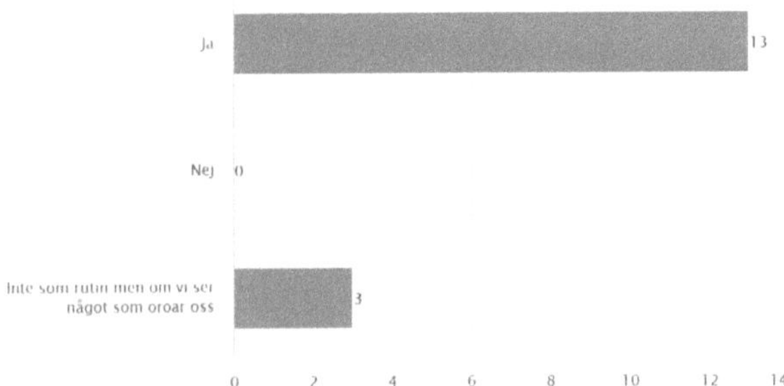

Hur ser ni på djursamlarproblematiken?

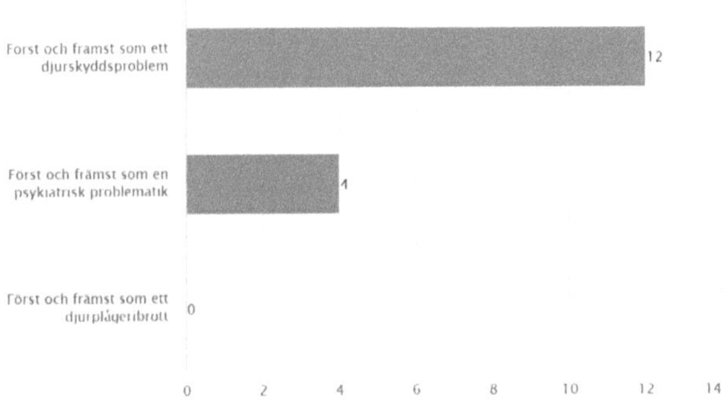

Abstract

Animal Hoarders and hoarded animals – not just an animal welfare problem

Animal hoarding is a common animal welfare problem in many countries, Sweden included. Se Sambandet as an organization discovered that there was hardly any research in Sweden on the prevalence and solutions to help animal hoarders and horded animals, and therefore decided to investigate the issue.

A pilot study with a survey for all 21 county administrative boards in Sweden was performed (16 answered), as well as deep interviews with follow-up questions, interviews with workers at cat and dog shelters as well as those who might stumble upon the problem in their profession (social services, psychiatric wardens, house rentals, cleaning services etc. in 3 cities of different sizes). We also asked some national authorities if they work with this problem.

This report builds on our findings and international research, and we give some suggestions for better solutions, to prevent and work with the animal hoarding. Among our suggestions are:

- Animal hoarding is an issue of a psychiatric diagnose and must be treated as such
- Many instances must cooperate, among those are social services, psychiatry as well as animal inspectors and animal welfare organizations
- The type of animal hoarder must first be acknowledged, as the reason behind the behaviour is very different, and needs different treatment, depending on what type of animals collected and the type of hoarder the person belongs to

Vad är Se Sambandet

Se Sambandet är ett Nationellt kunskaps- och utbildningscentrum. Förutom att sprida kunskap om djursamlare och samlade djur är syftet att befinna sig i skärningspunkten mellan våld mot människor och våld mot familjedjur. Ett fokus är sambandet mellan mäns våld mot kvinnor/partner, barn, äldre och familjedjuren.

Vi föreläser och gör workshops om allt som rör sambandet och tvångsmässigt djursamlande och vi riktar oss till de myndigheter och andra verksamheter och organisationer som vill fördjupa sin kunskap och arbeta på ett sätt där samtliga inkluderas. Vi tar fram kunskap och forskning samt skriver rapporter och faktablad som läggs ut på vår hemsida.

Se Sambandet arbetar även politiskt, tex. genom att svara på remisser, för att vara en aktiv part i arbetet med att skapa förändringar som kommer utsatta och deras familjedjur till del.

Kontakta oss på:
info@sesambandet.se
www.sesambandet.se